Ralf Mattern

Verbotene Lieder! Verlorene Lieder?

Texte aus der DDR
1984 - 1989

IMPRESSUM
©Ralf Mattern, Wernigerode, 2001
Gestaltung: Melanie Mattern & Ingo Naujoks
Grafik, Layout: Ingo Naujoks
Herstellung: Books on Demand GmbH, Norderstedt
ISBN: 3-8311-2576-7

INTERNET
www.aufbruch.musicpage.de
aufbruch@web.de

INHALTSVERZEICHNIS

Vorwort	6
Noch auf ein Wort	9
Mädchen aus Westberlin (1984)	11
Zwanzigtausend Meilen (1984)	14
Trotzlied (1984)	15
Traum (1984)	16
Hurra, hurra, ich bin bei der Armee (1984)	18
Alte Kneipe (1984)	22
Gammelblues (1984)	24
Einfach nur suchen (1984)	25
Hammerlied (1984)	26
Für John Lennon (1985)	29
Sicherheit und Ordnung (1985)	30
Es wird nie mehr wie früher sein (1985)	32
Lied von der Freiheit (1985)	34
Soldaten (1985)	37
In einer Nacht, wie dieser (1985)	39
Erinnerung (1985)	40
Reservation (1986)	42
Auf der Straße (1986)	43
Wir wollen heute leben (1986)	44
Fünf Minuten Aufenthalt (1986)	46
Spitzellied (1986)	48
Ich denke oft zurück (1986)	50
Tschernobyl ist in der Nähe (1986)	51
Träume sind wie Sterne (1986)	53
Mitten im Chaos (1986)	56
Deine Augen (1986)	58
In der Sommerzeit (1987)	59
Ein altes Sprichwort (1987)	62
Kennst Du das Land (1987)	63
Blues vom morgendlichen Aufstehen (1987)	64
Sehnsucht (1987)	65
Es weint sogar der Wind (1987)	66
Gefangenes Leben (1987)	67

Die Leute vom Mars (1987)	70
Legal, illegal, scheißegal (1988)	71
Auf der Suche (1988)	72
Lied der Hoffnung (1988)	74
Vorketzin (1988)	75
Wenn die Wolken Steine weinen (1988)	79
Ein gelernter DDR-Mensch (1988)	80
Prinzessin (1988)	82
Leise rieselt der Schnee - Stendal 19xx (1988)	84
Ich bin dafür (1989)	85
Abstellgleis (1989)	86
Bonnie und Clyde (1989)	88
Wenn ein Regen auf die Erde niedergeht (1989)	91
Sklaven (1989)	92
Mauern (1989)	94
Schreckliche Moritat über einen Erbauer des Sozialismus, der wegen gesellschaftlicher Verpflichtungen an seinem Vorhaben scheiterte, das Perpetuum mobile zu erfinden (1989)	96
Alkoholiker (1989)	104
40 Jahre Winter (1989)	105
Braver Bürger (1989)	106
Steine (1989)	107

Das Herz auf der Zunge

Ein Vorwort von Christian Hentschel

Wenn man heute im Rückblick über die Rockmusikgeschichte der DDR liest, scheint es im Ostrock nur zwei Extreme gegeben zu haben: Nämlich zum Einen die großen Etablierten, die man in großen Kulturpalästen live erleben, im „Kessel Buntes" sehen und auf Amiga-Schallplatten hören konnte. Die heute sagen: „Klar konnten wir Kohle ohne Ende einsacken und in den Westen fahren, aber was sollten wir denn tun?" Und zum Glück erinnern sie sich dann daran, dass das staatliche Rundfunklektorat mal einen ihrer Texte ablehnte. Noch mal Schwein gehabt... Das zweite Extrem ist genau die Kehrseite davon: Die sogenannten „anderen Bands". Mitte der 80er gab es neben den typischen Ostrockern an sich diese Welle an jungen, durchaus frischen Bands, die tatsächlich nichts mit Karat & Konsorten am Hut hatten, aber ansonsten genau die gleichen Strukturen nutzten. Die wenigen Medien und die Schallplattenfirma nannten diese Entwicklung „Die anderen Bands", aber letztlich waren zum Beispiel die Skeptiker in den 80ern nicht revolutionärer als die Puhdys in den 60ern. Die einen trugen lange Haare und favorisierten Deep Purple und Uriah Heep, die anderen sangen ihre kritischen Texte so schnell, daß man sie eh' nicht verstehen konnte und nannten das Punk. Beide Phänomene befolgten jedoch die selben Spielregeln. Selbst die skeptischen Skeptiker waren letztendlich nicht so skeptisch und unterschrieben FDJ-Förderverträge und Amiga-Quartettsingle-Deals... Herbst in Peking war dermaßen undergroundig, dass der Musikerin Tatjana dennoch Zeit als IM blieb. Pankow sangen davon „zulange das selbe Land gesehen" zu haben und „von alten Männern in der Politik", während ihr Gitarrist ebenfalls als IM Auskünfte an die Stasi gab. Das soll alles an dieser Stelle gar nicht verurteilt werden, doch - der, um den es hier gehen soll - Ralf Mattern, in den 80ern Liedermacher und Texter seiner Band „Flexibel", bekam erst gar nicht die Chance, sich an die Spielregeln zu halten, sich für „Kessel Buntes" und Westtournee oder Quartettsingle zu entscheiden. Mattern war so anders, dass er nicht mal zu den von Amiga so genannten „anderen" Bands gehören durfte. Dabei war Mattern nicht wirklich anders, sondern vor allem direkt in seinen Texten: Er ging nicht über sieben Brücken, trat nicht in den Dom ein, sah keinen

Schwanenkönig sterben und besang auch keine sixtinische Madonna, dafür aber fanden in seinen Reimen Gedanken Platz, die tatsächlich von den meisten Leuten gedacht wurden. Er textete vom Westberliner Mädchen, die um Zwölf wieder „drüben" sein musste, er kritisierte Umweltprobleme, obwohl offiziell der Smog an der Mauer westlicherseits Halt machte, persiflierte Militärzustände und, und, und... Dabei wollte Ralf Mattern ganz bestimmt kein Held sein, aber er behielt sich die Naivität, dass Dinge, die stören, auch genannt werden müssen. Kulturfunktionäre und Spitzel, die sich heute als Widerstandskämpfer bezeichnen und Künstleragenturen oder Immobilienbüros besitzen, sorgten dafür, dass zumindest Mattern nicht auf den großen Bühnen der kleinen DDR landete. Wenn Ralf Mattern heute gern gesprochene Zitate aus den Mündern der Etablierten, aber auch der „Anderen" hört, wie „Wir haben absichtlich immer zwei, drei offensichtliche Kritiken im Text gehabt. Die wurden beim Lektorat dann rausgenommen. Und die anderen zehn versteckten Kritikpunkte haben wir somit durch die Zensur gekriegt", muss ihm speiübel werden, denn das ist - gelinde gesagt - absoluter Bullshit. Denn wer wirklich das Herz auf der Zunge trug, landete im Extremfall im Knast, im Mindestfall nicht in der medienwirksamen Öffentlichkeit. An der DDR gab es nichts zu kritisieren, schon gar nicht von kritischen Liedermachern und Rocktextern. Erschwerend kam für Mattern hinzu, dass sein Zuhause und somit seine Wirkungsstätte Provinz war. „Was in Berlin normal war, war in der Provinz Aufruf zum Systemsturz", erklärte mir Ralf anlässlich meines Interviews mit ihm für mein im Schwarzkopf & Schwarzkopf Verlag veröffentlichtes Buch „Du hast den Farbfilm vergessen - und andere Ostrockgeschichten". Ich freute mich sehr, von dem talentierten Musiker eine Interviewzusage erhalten zu haben. Zwar hatte ich zu diesem Zeitpunkt schon mit Nina Hagen auf dem Sofa gesessen, mit Dieter Birr Bier getrunken, doch ich wusste, dass mein Buch um so spannender wird, wenn auch Ralf Mattern seinen Beitrag leistet. Er war nämlich weder Star, noch Underground, sondern nur eine ehrliche Haut, die sich nicht biegen lassen wollte. Eine Spezies übrigens, die auch heute selten anzutreffen ist. Hätte er sich nur halbwegs zusammen gerissen und nicht immer gleich die Kinder beim Namen genannt, wäre Mattern der Udo Lindenberg oder der Rio Reiser des Ostrocks geworden.

Jetzt kann ich mich ein weiteres Mal freuen, denn seine Texte, die damals nicht den Weg in die Öffentlichkeit finden durften, liegen nun in Buchform vor. „Verbotene Lieder! Verlorene Lieder?" heißt sein Buch ein wenig plakativ, aber genau das spricht wieder für ihn: Er nennt die Sachen beim Namen. Sicher würde er heute - man lernt ja nie aus - einiges anders formulieren, bei anderen Texten lässt sich nicht mehr nachvollziehen, warum er damit noch vor zwölf Jahren mit einem Bein im Knast stand. Nichtsdestotrotz ist das Buch notwendig, zeigt es doch die wahre Szene jenseits der Puhdys und Skeptiker und es hilft enorm, dass Ralf Matterns verbotene Lieder zumindest nicht mehr verloren gehen.

Hätte es in der DDR viel mehr von diesen Typen gegeben, die es nicht lassen können, zu sagen, was Sache ist, wäre alles ganz anders gekommen. Nicht nur im Ostrock.

Christian Hentschel, August 2001

Noch auf ein Wort

Christian Hentschel, der Autor des Vorworts, gilt als ausgewiesener Fachmann der Rock- und Jugendkulturszene. Schon als Jugendlicher war der 1967 in Ostberlin Geborene in der Szene aktiv, mit vierzehn leitete er den allerersten Silly-Fanclub in der DDR, mit siebzehn schrieb er Texte für diverse Musiker, mit zwanzig managte er seine erste Band. Seit 1990 veröffentlicht er zahlreiche Features und Interviews über die nationale und internationale Musikszene. Kaum einer, der nicht vor seinem Interviewaufnahmegerät Platz nahm: Die Ärzte, BAP, Die Fantastischen Vier, Kula Shaker, Ulla Meinecke, Hildegard Knef usw. Nach drei Jahren Chefredaktion bei einem ostdeutschen Stadtmagazin gründete er im Sommer 1996 das Musikfachblatt „Gaffa", welches seit September 2001 im 80.000 Stück-starken „Cabinet Nightflight - Das Musikmagazin" eine erfolgreiche Fortsetzung findet. Nach wie vor hat Christian Hentschel dort den Job des Chefredakteurs und Project Managers inne. Auch als Buchautor hat sich Hentschel einen Namen gemacht: Sein Erstlingswerk „Der Musiker-Guide - Tips für Musiker vom ersten Konzert bis zum Plattenvertrag" gilt unter jungen Musikern und Branchenneulingen als Pflichtlektüre. Sein zweites Buch, ebenfalls im Verlag Schwarzkopf & Schwarzkopf erschienen, wurde zum mittlerweile mehrfach nachaufgelegten Bestseller: „Du hast den Farbfilm vergessen und andere Ostrockgeschichten" ist ein einmaliges Werk, in dem Hentschel in fast schon intim zu nennenden Interviews unbekannte und zum Teil sensationelle Neuigkeiten aus der Geschichte solcher Bands wie den Puhdys, Karat, City, Silly, Pankow, aber auch von Kurt Demmler, Nina Hagen, Petra Zieger, Holger Biege, Dirk Zöllner und vielen anderen veröffentlichte. Die Presse überschlug sich vor Lobeshymnen ob dieses vielbeachteten Buches. Derzeit arbeitet er an einem Puhdys-Buch, auch den Vertrag für seinen ersten Roman hat er bereits in der Tasche (das Buch ist allerdings noch nicht fertig geschrieben). Wenn dann noch Zeit bleibt, widmet er sich seinen vier Frauen, wovon drei seine Töchter sind.

Ralf Mattern, September 2001

Danke, Melanie!

Ich danke meinen Weggefährten und Freunden von damals, die es heute immer noch sind und für die dieses Buch sicherlich genauso eine Zeitreise ist, wie für mich.

Ein großes Dankeschön geht nach Berlin an Christian Hentschel.

Ich danke Ingo Naujoks für das Layout.

Ich danke Siegfried Siegel für die Bereitstellung der Fotos und in diesem Sinne auch Andreas Drube.

Mädchen aus Westberlin (1984)

Ich traf sie auf 'nem Blueskonzert
draußen in Köpenick.
Und ich sah sie an - und sie sah mich.
Das war der Augenblick.
Ich ging zu ihr und fragte:
„Mensch Mädchen, wie heißt Du?
Ich hab' mich in Dich verknallt!"
Sie sagte, dass sie Carina heiße,
achtzehn Jahre alt.
Wir kamen uns näher, und sie fackelte nicht lang'.
Ich glaubte, dass ein unendliches Glück begann.

Und ich sagte: „Mensch Carina,
bei mir hat's wirklich reingehau'n.
Der Blues da vorn macht mich nicht mehr an,
ich kann nur noch Dich anschau'n."
Dann ging sie mit mir
zu mir nach Haus.
Und dort tobten wir uns unglaublich aus.
Doch zwischendurch redete sie was,
was ich nicht ganz verstand,
dass die Zeitungen doch eigentlich lügen,
über unser Land.

So gegen zweiundzwanzig Uhr sagte sie:
„Mein Liebling, ich muss jetzt leider geh'n."
In mir begann es langsam zu dämmern,
ich begann zu versteh'n.
Ich fragte sie: „Sag' Carina,
wo kommst Du eigentlich her?"
Sie sagte, sie komme von 'ner Insel
umgeben von Stacheldraht, Mauer und Gewehr.
„Um vierundzwanzig Uhr
macht der Zirkus hier zu
für die Leute aus Tempelhof und Wilhelmsruh."

Diese Antwort hatte mich schwer geschockt,
das kriegte ich in meinen Kopf nicht rein.
Ich flehte sie an:
„Mensch wir lieben uns doch!
Können wir nicht länger zusammen sein?"
Doch sie sagte: „Die Herren in Ost und West,
die wollen das wohl nicht,
denn es ginge hier um brisante Fragen,
Fragen mit viel Gewicht."
Sie meinte, sie sei für mich ein Klassenfeind
und ich für sie ein Kommunistenfreund.

Dann stieg sie in die S-Bahn,
wir küssten uns nochmal. Bahnhof Friedrichstraße.
Und sie sagte: „Vielleicht komm' ich bald wieder,
wenn ich's Geld hab' für diese Zirkuskasse."
Ich sagte zu ihr: „Vielleicht schon bald
ändert sich hier was."
Doch sie lachte nur darüber und meinte,
das sei ein schlechter Spaß.
Dann wurde sie ernst:
„Da hilft kein Hoffen und kein Beten.
Zur Mauer aus Beton kommt jetzt noch eine -
aus Raketen."

Als sie weg war dachte ich so über manches nach.
Und ich fragte mich:
Haben die Herren sogar Angst vor der Liebe?
Sind die denn wirklich so schwach?
Ich dachte an ihre Worte,
wo sie wohnt spioniert man sie aus,
denn sie wohnt zusammen mit fünfzehn Freunden
in einem besetzten Haus.
Mit bei ihr im Haus wohnen auch ein paar Genossen.
Und ihren Opa haben die als Kommunisten
in Buchenwald erschossen.

Ich fragte mich: Was soll denn das?
Wieso ist sie mein Feind?
Ich denke der Feind meines Feindes ist mein Freund.
So ziemlich alles hatte Hand und Fuß,
was sie sagte.
Und doch wird ihr Besuch gegen mich verwendet,
er kommt in meine „Kaderakte".
Wir sprechen die selbe Sprache.
Ich denke und fühle fast wie sie,
und doch dürfen wir uns nicht lieben -
welche Idiotie.

Mädchen aus Westberlin, weißt Du wovon ich träum'?
Ich träum' davon, dass die Mauer nicht mehr steht,
weil ein Wind der Liebe uns um die Nase weht.
Und dass wir bald wieder zusammen auf 'nem Blueskonzert sin',
vielleicht dann bei Dir, draußen im Wedding.

Zwanzigtausend Meilen (1984)

Zwanzigtausend Meilen auf dem Weg zurück.
Zwanzigtausend Meilen für das letzte Glück.
Zwanzigtausend Meilen, vielleicht der letzte Weg?
Zwanzigtausend Meilen bis ich mich widerleg'.

Zwanzigtausend Sterne, keiner weiß wofür.
Zwanzigtausend Sterne, wie find' ich zu mir?
Zwanzigtausend Sterne, oder vielleicht auch mehr?
Zwanzigtausend Sterne - und ich friere sehr.

Zwanzigtausend Straßen, jede will ich gehen.
Zwanzigtausend Straßen und Lichterketten sehen.
Zwanzigtausend Straßen, und jede hat ein Gesicht.
Zwanzigtausend Straßen, Gesichter vergess' ich nicht.

Zwanzigtausend Götter reden auf mich ein.
Zwanzigtausend Götter schwören es zu sein.
Zwanzigtausend Götter mit der Wahrheit im Gepäck.
Zwanzigtausend Götter ohne jeden Zweck.

Zwanzigtausend Schmerzen - und ich bin bei Dir.
Zwanzigtausend Schmerzen fühle ich in mir.
Zwanzigtausend Schmerzen bis in Deinen Arm.
Zwanzigtausend Schmerzen, bitte halt' mich warm.

Zwanzigtausend Meere - und jeder Grund so tief.
Zwanzigtausend Meere - ein jedes Meer mich rief.
Zwanzigtausend Meere - unbezwingbar groß.
Zwanzigtausend Meere, Mensch, was mach' ich bloß?

Zwanzigtausend Jahre hab' ich keine Zeit.
Zwanzigtausend Jahre - ich bin jetzt bereit.
Zwanzigtausend Jahre - ich weiß nicht warum.
Zwanzigtausend Jahre kehre ich nicht um.
Oder doch?

Trotzlied (1984)

Ich kann nicht weiter, ich kann nicht mehr!
Das Leben ist mir zu real, ist mir zu schwer.
Hab' keinen Ausweg aus Geld und Suff
und mit der Zeit geh' ich auch noch druff.
Seh' keine Farben, nur alles grau.
So blöd bin ich, dass ich mir die Birne vollhau'.

So 'n richtiges Tief hat jeder mal.
Jeder war schon mal in so 'nem Tal.
Doch viel zu wenig kommen da raus.
Für die meisten ist ein Luftschloss kein wohnliches Haus.
Wer erst einmal zu träumen verlernt
hat sich schon zu weit von sich selbst entfernt.

Es gibt genug Kaputte, die nichts mehr fühlen,
ich fühl' noch was, ich lasse mich nicht kaputtspielen.

Wenn Ihr mit aufsteht bin ich nicht allein.
Zusammen reißen wir die Mauern ein.
Wir bleiben nicht länger auf unserm Hintern sitzen,
wir lassen uns nicht mehr mit dummen Sprüchen abblitzen.
Denk' nach, wenn Du besoffen in Dein Bette fällst,
wem das was nützt, wenn Du die Schnauze hältst!

Traum (1984)

Ich ging dort auf der Straße,
im goldenen Abendschein.
Dachte an Morgen, an vergessene Sorgen,
und schaute in mich hinein.

Da plötzlich hob ich ab
und flog in die klare Luft,
die Welt wurde kleiner, mein Verstand immer feiner.
Ich spürte den Frühlingsduft.

Ich flog durch einen Wolkenberg
und sah vor mir ein Licht.
Ich dachte: Was kommt denn jetzt auf Dich zu,
doch ich wusst' es noch nicht.

Mein Flug stoppte langsam ab
und ich stand vor einem Haus.
Das Licht kam vom Fenster, was ich gesehen,
es strahlte in die Nacht hinaus.

Die Tür war nicht verschlossen,
und so ging ich einfach hinein,
ich wurde herzlich willkommen geheißen
und begrüßt mit Brot, Salz und Wein.

In dem Haus wohnten zehn Leute,
fünf Männer und fünf Frauen,
Vertreter aller menschlichen Rassen,
also gelb, rot, schwarz, weiß und braun.

Ich fragte sie, ob sie mir sagten,
wo ich hier wohl sei?
Sie sagten: „Du bist hier unter Freunden,
die in Liebe leben und frei."

Sie erklärten mir ihre Welt,
die ohne Hass und ohne Neid,
ohne Gewalt, Besitzgier, Dummheit und Angst ist
ohne Hunger, Unterdrückung und Leid.

„Der Mensch ist doch ein Wesen
mit Verstand und mit Gehirn.
Es ist doch wirklich pardox
wollte er sich selbst zerstör'n."

Wir sprachen noch die ganze Nacht
über ihre und meine Welt
und was man so alles tun müsste,
damit man eine Zukunft erhält.

Doch dann im Morgengrauen
verspürte ich den Drang:
Ich musste auf die Erde zurück,
es war wie ein drückender Zwang.

Ich sträubte mich dagegen
und hab' mich aufgebäumt.
Da merkte ich: Es war nur ein Traum,
ich hatte nur geträumt.

Denn ich ging noch auf der Straße
im goldenen Abendschein.
Dachte an Morgen, an vergessene Sorgen,
und schaute in mich hinein.

Hurra, hurra, ich bin bei der Armee (1984)

Ich bin so furchtbar glücklich, so wie lange nicht!
Ich seh' das Leben jetzt aus 'ner ganz andren Sicht.
Ich find jetzt alles wieder geil und o.k.,
denn ich bin, ja ich bin bei der Armee.

Endlich darf ich ein Söldner sein,
darauf konnte ich mich ja schon zwanzig Jahre freu'n.
Endlich darf ich richtig schießen
und im „Ernstfall" ungestraft Blut vergießen.
In Uniform bin ich endlich wer!
Hurra, hurra, ich bin beim Militär.

Endlich darf ich 'ne Gummimaske tragen
und Befehle krieg' ich jetzt, und keine blöden Fragen.
Endlich darf ich kriechen, laufen und exerzieren,
endlich hab' ich absolut nichts mehr zu verlieren.
Wenn ich den Stacheldraht um die Kaserne seh'
freu' ich mich. Hurra, ich bin bei der Armee.

Kommt der General darf ich's Laub vom Baume pflücken.
Nach unten darf ich treten um nach oben mich zu bücken.
Ich bin der frohste Typ in diesem schönen Land,
klebt an meinem Arsch und in meinem Face der nasse Sand.
Das ist für mich wie ein Abgang, da freue ich mich sehr!
Hurra, hurra, ich bin beim Militär.

Ich fühl' mich angesprochen, wenn irgendjemand pfeift,
ich mache alles mit, wenn es auch kein Mensch begreift.
Bei Übungen schlaf' ich auf der bloßen Erde,
die Offiziere in den Betten, dass ihnen nicht kalt werde.
Doch eigentlich finde ich das ganz o.k.
Hurra, hurra, ich bin bei der Armee.

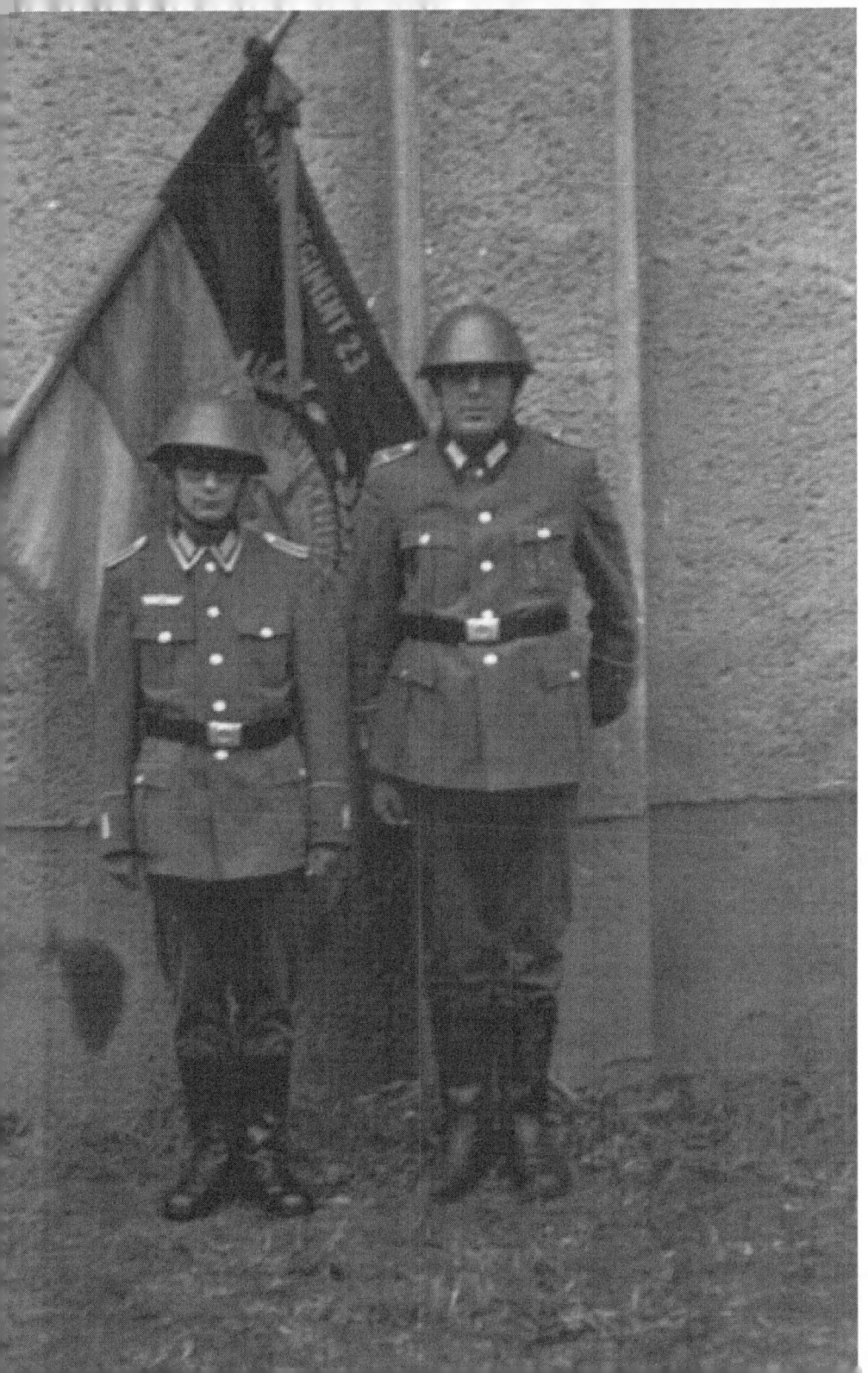

Härteste, Märsche, ja das ist was für mich!
Da wird gekämpft, gerackert zur Erfüllung der Pflicht.
Und wenn's dann wieder keinen Ausgang gab,
lag's daran, dass ich einen Knopf nicht angenäht hab'.
Das ist ja auch verachtenswert und von mir nicht fair!
Hurra, hurra, ich bin beim Militär.

Sturmbahn harken, Scherben sammeln, Arbeiten voll Sinn,
ja da merk' ich, dass ich wirklich sehr geachtet bin.
Für die Offiziere wasch' ich das Geschirr blitzeblank
und kriege, wenn ich mal was will, 'nen Arschtritt als Dank.
Doch ich find' das nicht so schlimm, weil ich den Hauptauftrag seh'!
Hurra, hurra, ich bin der Armee.

Werde ich so schön gedrillt sieht man meine Augen blitzen
vor Freude, nicht vor Rache, komm' ich auch ins schwitzen.
Ich freu' mich für die Offiziere und ihre Spielereien,
wenn sie mir mal so richtig in die Ohren schreien.
Die brauchen mal 'nen Abgang, ist der Kopf auch leer.
Hurra, hurra, ich bin beim Militär.

Ich fühle mich geehrt, weil man mich zum Spielen braucht.
Ich spiele gern den Blöden und werd' gerne aufgeraucht.
Von früh um sechs geht das dann bis zweiundzwanzig Uhr,
doch ich finde: Das Soldatsein ist die reinste Kur.
Ich bin der letzte Dreck, doch mein Gott, was will ich mehr?
Hurra, hurra, ich bin beim Militär.

Sie treten mich in 'n Arsch und ich reiße ihn mir auf.
Auf preußischen Drill, ja da stehe ich drauf.
Bei eiseskaltem Winter oder Sommers vierzig Grad -
ich bin voll dabei für Väterchen Staat.
Er dankt mir das mit kostenlosem Fraß und Tee.
Hurra, hurra, ich bin bei der Armee.

Ans desertieren denk' ich nicht, nein wo kommen wir da hin?
Das Soldatsein hat für mich den bereits erwähnten Sinn.
Mit meiner Motivation holen wir den totalen Sieg
und gewinnen gleich den nächsten und den übernächsten Krieg.
Gebt mir Pfeil und Bogen! Gebt mir Dolch und Gewehr!
Hurra, hurra, ich bin beim Militär.

Ich bin so furchtbar glücklich, so wie lange nicht!
Ich seh' das Leben jetzt aus 'ner ganz andren Sicht.
Ich find' jetzt alles wieder geil und o.k.,
denn ich bin, ja ich bin bei der Armee.

Alte Kneipe (1984)

Das Licht bricht sich in weichen Schwingen,
der Cognac vor mir schaut mich an.
In dieser Kneipe lässt sich die Zeit verbringen.
Auf dem Tresen steht noch immer ein Plasteschwan.

„He, alte Kneipe, Du hast schon viel gesehen:
Die Feten, Tänze und alten Träumer,
und mancher konnte schon nicht mehr stehen.
He, alte Kneipe, Cognac, Korn und Bier,
als mein Alter noch träumen konnte
war das sein Revier."

Geradeaus warten die Zigaretten,
das Licht strahlt sie verführerisch an.
Ich sitze hier und schreibe über Dich
und der Rauch meiner Zigarette spielt sich seine Bahn.

Heute abend hört die alte Kneipe
wieder die Gespräche der sonst schon Stillen.
Hier ist eigentlich ihr zu Hause.
Das Bier nimmt ihnen die Blindheit von den Brillen.

Der alte Mann am Nebentisch,
ein Rentner bestimmt, und Kommunist.
Allein und einsam vertrinkt er sein Geld,
redet auf mich ein, doch ich verstehe ihn nicht.

Er schreibt nun schon den zweiten Scheck.
Der achte Weinbrand trübt sein Hirn.
Er spricht wohl über alte Zeiten,
doch die Leute wollen ihn nicht hör'n.

Warum ist er einsam, der Kommunist,
er trägt nicht stolz das kleine Zeichen.
Vielleicht hat er sich früher alles anders gedacht.
Die Wirtin sagt: „Na Opa, es muss doch langsam reichen!"

Ich bezahle und geh' und dreh' mich nochmal um:
Irgendein Gefühl ist da in mir.
Ich weiß einfach nicht warum,
doch ich komme wohl bald wieder, wieder zu Dir.

Gammelblues (1984)

Mein Pferd heißt Bonny
und die Prärie ist weit.
Doch ich brauch' die Ferne,
die Unendlichkeit.
Habe gerade zehn Mark noch in der Tasche
und schlafen werd' ich unterm Mond.
Habe ich auch nichts zu kauen,
es hat sich doch gelohnt.

Wir sind schon fünf Tage unterwegs,
gewaschen hab' ich mich nicht.
Für die normale Welt wäre ich Abschaum,
käme vielleicht vor ein Gericht.
Und ich denke an die Kumpels,
die schuften gehen für etwas Geld.
Tja, dann lache ich drüber,
denn Bonny und ich, wir pfeifen auf diese Welt.

Dann klauen wir uns ein wenig Mais
und trinken Wasser pur.
Die Sorgen sind vergessen,
wir sind flexibel rund um die Uhr.
Ich will nicht an das Morgen denken,
ich glaube, das ist vertane Zeit.
Jede Minute Leben ist kostbar,
jede Sekunde tut mir leid.

Doch wenn Bonny wirklich stirbt
werde ich Bonny begraben.
Dann kommt die schlimmste Zeit im Leben,
keinen Freund zu haben.
Doch ich weiß, was mir immer gehört:
Der Himmel, die Sterne, das Licht!
Nur ich gehöre keinem!
Ich gehorche nicht!

Einfach nur suchen (1984)

Kein Weg ist mir zu weit,
kein Sturm ist stark genug,
um nicht das zu finden,
was ich such'.

Keine Wüste ist zu trocken,
kein Ozean zu tief,
dass ich nicht das finde,
was mich rief.

Kein Wasserfall ist mir zu laut,
keine Höhle ist zu still,
Deine Liebe -
das ist alles, was ich will.

Kein Berg ist mir zu hoch,
kein Urwald ist zu dicht.
Mich mit dem Gegebenen abzufinden
reicht mir nicht.

Kein Eis ist mir zu kalt,
keine Mauer ist zu breit
redet weiter mit gespaltener Zunge,
für Euch hab' ich keine Zeit.

Hammerlied (1984)

Ich saß mal auf einer Wiese
und war ziemlich fertig,
denn der große Schornstein blies
den Dreck mir ins Gesicht.
Die Autos um mich hupten,
ich wusste nicht mehr wie es weitergeht.
Da sah ich, wie ein kleines Männchen
mit 'nem Hammer vor mir steht: Beng, beng.

Er fragte mich: „Was soll denn das?
Warum bläst Du denn Trübsal?
Glaubst Du etwa,
Du kannst gegen gar nichts mehr was tun?
Komm nimm meinen Hammer,
denn der hat Zauberkraft,
wenn Du damit irgendwo draufhaust
ist es sofort weg: Beng, beng."

Ich nahm dankend seinen Hammer
und schlug damit auf die Straße.
Da wuchsen aus dem Teer
Gras und Löwenzahn.
Aus den Autos wurden kleinen Büsche,
aus denen krabbelten die Fahrer raus
und schlugen sich vor 'n Kopf:
Beng, beng.

Doch ich ging gleich weiter
und kam zu einem Übungsplatz,
zu einem Übungsplatz
der Armee.
Ich schlug mit dem Hammer
auf die zerfurchte Erde
und plötzlich wuchsen statt Stacheldraht
Orangen und Kaffee: Beng, beng.

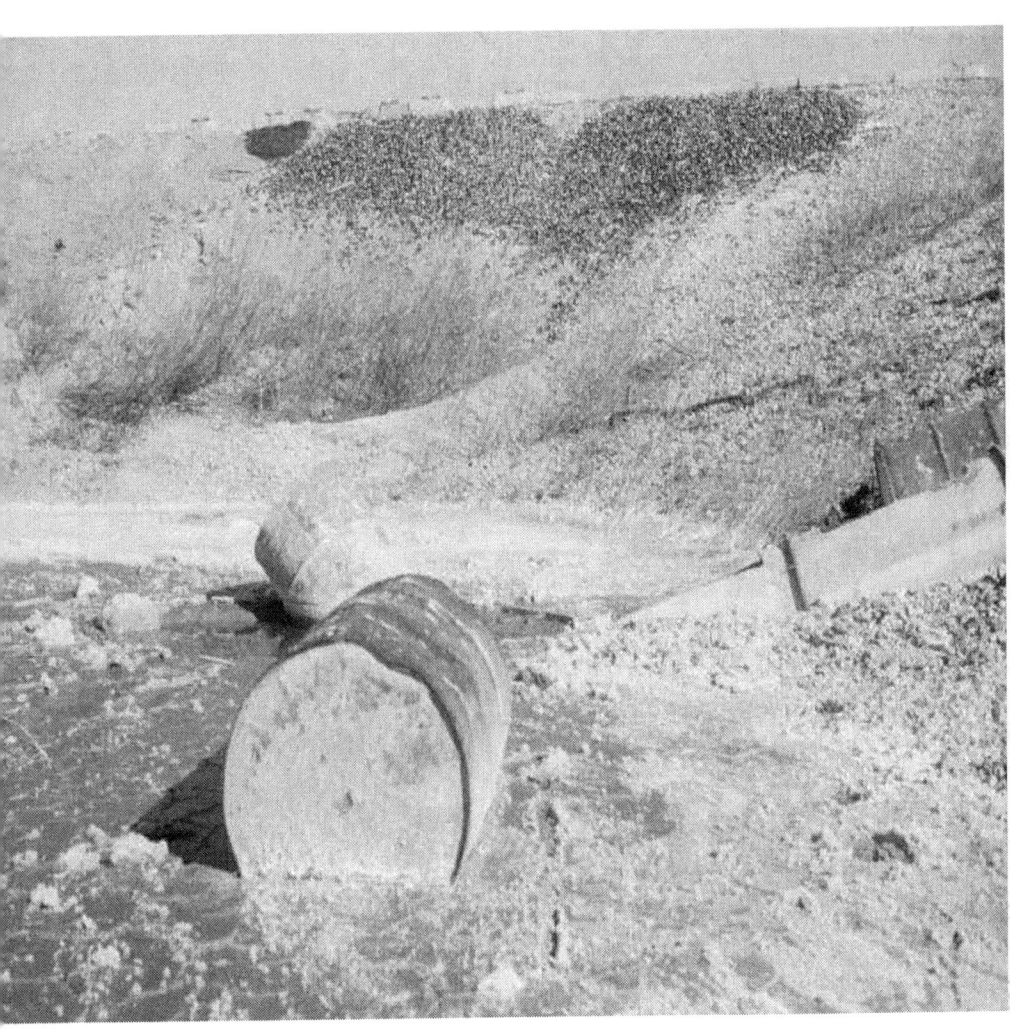

So begann der Wandel
auf dieser weiten Erde.
Und Chemieabfälle duften jetzt
nach Kiefer und Jasmin.
Selbst die Vögel freuen sich wieder,
denn der Wald wurde gesund.
Und Kernkraftwerke gibt es nur noch
hinterm Mond: Beng, beng.

Doch die Autos um mich hupten
und ich wurde plötzlich wach.
Die Wiese, auf der ich saß,
wurde gerade betoniert.
Doch Du warst neben mir
und dann kamen noch die anderen.
Alle hatte einen kleinen Hammer in der Hand:
Beng, beng.

Drum hört, Atomkraftbosse,
Ihr Stacheldrahtproduzenten,
Ihr Wiesenbetonierer,
Ihr mutierten Narren,
hört die Hammerschläge,
denn es werden immer mehr!
Hört die Hammerschläge, denn sie kommen,
sie kommen immer näher: Beng, beng.

Für John Lennon (1985)

Tausend Wunden heilen,
nur die eine nicht.
Tief drin in meinem Herzen,
dort, wo es blutig ist,
bin ich mit Dir gestorben,
der Schuss, er traf auch mich,
doch: Wir leben beide weiter,
denn Träume sterben nicht.

Ich hab' mit Dir gesungen,
Dein Lieder waren bekannt.
„Imagine" stieg über Zäune,
brach durch Mauern in jedes Land.
Du hast mich wachgerüttelt,
und sicher nicht nur mich.
Wir leben beide weiter,
denn Träume sterben nicht.

Ich weiß nicht wo Du wohntest,
denn Du warst überall.
Und jedes Deiner Lieder
hatte in mir einen Widerhall.
Und schrien auch die Präsidenten:
„Wir brauchen das ‚Yeah' der Beatles nicht."
Wir leben beide weiter,
denn Träume sterben nicht.

Ich hatte so gehofft,
dass wir uns vielleicht mal irgendwo sehen,
und dann auf ein Bierchen
in irgendeine Kneipe gehen.
Wir haben nicht die gleichen Eltern,
doch Du bist wie ein Bruder für mich.
Wir leben beide weiter,
denn Träume sterben nicht.

Sicherheit und Ordnung (1985)

Die Welt ist voller Leute,
die nicht in sie gehören,
die mich und andere normale Menschen
ziemlich stören.
Die Erde wird bald untergehen,
ich glaub' so wird es sein,
greift der Staat, oder ein anderer
da nicht bald ein!

Mitten auf eine Straße
hat sich einer gestellt.
Spielt Gitarre und singt dazu,
und bekommt dafür noch Geld!
Der hat ganz lange Haare!
Wieso darf der nur leben?
Das ist bestimmt einer von denen,
die nicht nach Ordnung und Sicherheit streben!

Ich hab' es heute festgestellt,
und das ist ziemlich hart!
Es gibt tatsächlich
ein paar Schwule in der Stadt!
Die gehen sogar Hand in Hand
und lassen das nicht bleiben!
Wer weiß, wer weiß, wer weiß,
was die zu Hause alles treiben.

Ich brauch' mich doch nur umzuschauen,
so ganz ohne Moral
küsst sich dort ein Pärchen
und die fragen nicht einmal!
Gestern fand ich doch
bei meinen nächtlichen Streifzügen
zwei im Gebüsch ganz nackt
aufeinander liegen!

Die ganzen jungen Mädels
kann ich nicht verstehen.
In engen Hosen versuchen sie
den Jungs den Kopf zu verdrehen.
Mal ganz auf Dame,
mal mit Phosphorring im Ohr -
das Ganze kommt mir
doch ziemlich unmoralisch vor.

Ich sag' Euch mal,
wie mir diese Welt am besten passt:
Mädchen hintern Küchentisch!
Schwule in den Knast!
Den Rest der Männer sammeln
und dann zum Militär!
Doch die mit langen Haaren
vorher erst noch zum Frisör.
Ich bin dann Spezialagent,
die Ordnung obenan
und natürlich ganz bewusste Disziplin!
Ich glaub', ich wär' der rechte Mann.

Es wird nie mehr wie früher sein (1985)

Ich glaube, es sind schon hundert Jahre her,
dass ich hier das letzte Mal war.
Doch irgendwie hat sich alles verändert,
selbst der Himmel ist nicht mehr so nah.

Du nimmst mich an die Hand
und doch bin ich wohl allein.
Denn der Gedanke wird zur Gewissheit:
Es wird nie mehr wie früher sein.

Der Wind spielt wie damals in meinem Haar
und weht mir sanft um die Ohren.
Nur den Duft von damals
hat er jetzt verloren.

Die Häuser wurden größer,
und der Mensch? Er wurde klein.
Und der Gedanke wird zur Gewissheit:
Es wird nie mehr wie früher sein.

Die Sonne blinzelt müde durch die Wolken,
damals hat sie noch gelacht.
Wer weiß, wo sie sich rumtrieb
in der letzten Nacht?

Die Kneipe ist zu, wo wir uns damals trafen
geht schon lange keiner mehr rein.
Und der Gedanke wird zur Gewissheit:
Es wird nie mehr wie früher sein.

Ich glaub', dass auch die Sterne
ihren Glanz verloren haben.
Selbst die kleinen Spatzen von damals
sind heute hässliche Raben.

Ich bin so enttäuscht, ich kann nichts sagen,
in der Kehle hab' ich wohl 'nen Stein.
Denn der Gedanke wurde zur Gewissheit:
Es wird nie mehr wie früher sein.

Lied von der Freiheit (1985)

Ich lebe seit Erschaffung der Erde,
von Anfang an bin ich dabei.
Ich bin so oft schon gestorben
und lebe doch immer wieder neu.
Die Lava hat mich verschlungen,
die Ozeane waren zu tief,
ich wurde von Drachen gefressen
und erstickte im Großstadtmief.

Ich war oft Gladiator
und das Kreuz, das trug ich auch.
Hatte Messer in meinem Rücken,
war verscharrt unter einem Distelstrauch.
Ich stand auf Scheiterhaufen,
ich kenne den Sklavenmarkt.
Ich wurde oft totgeschwiegen
und eigentlich nie gefragt.

Ich wurde geknebelt, gefesselt
und für besiegt erklärt.
Ich habe über mich manches falsche
und manches böse Wort gehört.
Die Waffen mussten klirren.
Sie sprachen nicht, nein, sie schrien.
Von den falschen Leuten wurde ich beansprucht
und dann von ihnen angespien.

68 wurde ich zusammengeschlagen,
Stalin hat mich verbannt.
Mit Salvador Allende stand ich am Fenster,
mit Che bin ich durch den Urwald gerannt.
Ich half unter Hitler Juden und Zigeunern,
sang die Internationale in West-Beirut.
Den Schah habe ich aus Persien gejagt
und aus Nikaragua Somozas Mörderbrut.

Ich bin die Freiheit! Ist das denn schlecht?
Ich bin unsterblich, das Menschenrecht!
Ich war zerbombt, ich war verschüttet,
doch immer wieder hat mich jemand wachgerüttelt.

Denn ich bin nicht zu töten,
solange es Menschen gibt.
Solange jemand zu einem anderen sagt,
dass er ihn liebt.
Und ich bin ein Schmetterling,
ein Vogel, ein Buch, ein Baum,
ein Mensch, eine Frage, eine Idee.
Ich bin ein Traum.

Ich werde nicht jeden Kampf gewinnen,
doch jede Niederlage wird ein neuer Sieg.
Ich stehe mit jeder Diktatur
im heiligen Krieg.

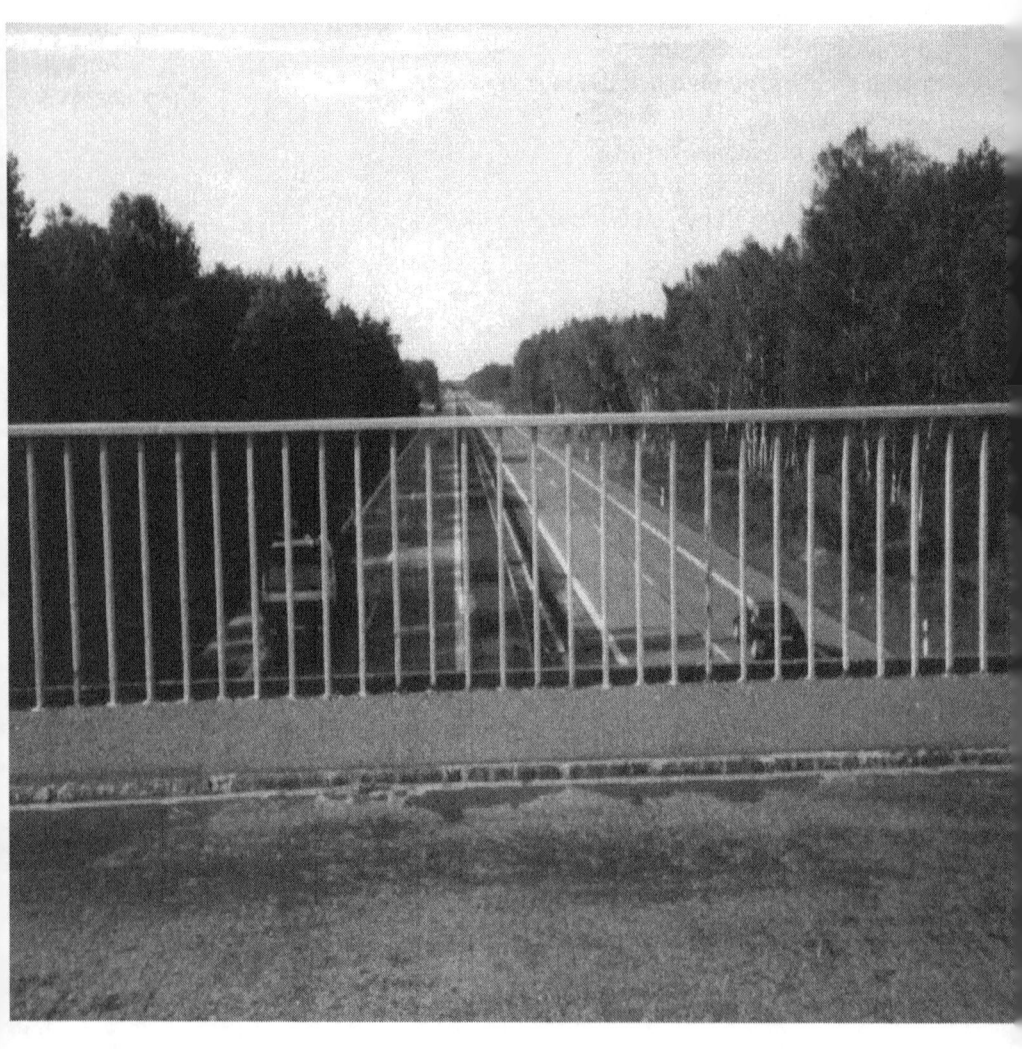

Soldaten (1985)

Eine Brücke über der Autobahn,
die Sonne brennt heut wie noch nie.
Da plötzlich auf der Brücke Soldaten rennen,
angetrieben wie störrisches Vieh.

Doch sie lassen es sich gefallen,
und rennen mechanisch los.
Ich frage mich: Was treibt Euch denn?
Was treibt Euch denn bloß?
Ich frage mich, ob Ihr noch denken könnt,
ob Euch noch was bewegt?
Ich höre wie jemand „Stellung", „Gas"
und Eure Namen bläkt.

Ein leises Stöhnen unter Euren Masken,
ich fühl' es, nein, ich höre es nicht.
Der Schreihals dort hinter Euch
scheint mir, als wär' der nicht ganz dicht.

Wisst Ihr wozu der Euch braucht?
Ich nehme an: Zum Spielen.
Wie ein Kind, das zu heiß gebadet hat
schreit er rum ohne was zu fühlen.
Ihr seid ihm völlig ausgeliefert
und irgendwie tut Ihr mir leid.
Sicher hat schon mancher die Tatsache,
dass er männlich ist bereut.

Dir Brücke ist leer, Ihr stapft im schweren Sand
mit Euren Gewehren.
Eure Mädchen zu Hause haben's nicht ausgehalten
und Ihr dürft Euch nicht beschweren.

Ihr fragt Euch, wozu Ihr da seid?
Fragt nach einem Sinn?
Wenn im nächsten Krieg die Atomraketen fliegen
seid Ihr doch als erste hin.
Doch denken ist bei Euch nicht erwünscht,
Euer Herz stirbt in der Brust.
Darum macht Ihr Euch untereinander an,
wegen Eurem Frust.

Darum habt Ihr in den Zügen große Schnauze
und besauft Euch, wenn's mal in den Urlaub geht,
weil zwischen Euch und der normalen Welt
noch immer eine Uniform steht.
Weil Ihr noch immer gebunden seid,
und wisst nicht warum.
Stellt Euch vor, Ihr bleibt zu Hause,
dann gucken die Schreihälse bestimmt sehr dumm.

In einer Nacht, wie dieser (1985)

In einer Nacht, wie dieser, wo keiner schlafen kann,
so schön wie sie ist, geh' ich ans Fenster ran.
In einer Nacht, wie dieser, so mild und doch auch scharf,
merke ich, wo ich Mensch sein darf.

Der Mond ist weg, und ich kann ihn auch nicht sehen,
weil die Winde den Fabrikrauch zu mir wehen.
Die Sternen leuchten heute bestimmt vor lauter Glück,
doch sie verstecken sich, die Schwaden sind zu dick.

Auch der Bach, ich höre, er gurgelt leis sein Lied,
es wär' so schön, käm' er nicht aus der Chemiefabrik.
Hält man sich die Nase zu, denkt man fast, 's könnte Wasser sein,
doch der Duft reizt die Augen und die müssen wein'.

Eine Ruhe auf den Straßen, heut nacht kein stop and go,
die Blechlawine dröhnt vorbei, ganz einfach so.
Nur alle zehn Minuten 'ne Sirene, 'ne tolle Nacht sich auszuruh'n.
Die Polizei hat heut nicht viel zu tun.

Unten singt doch jemand grad 'ne schöne Melodei,
zwei Besoffene torkeln am Haus vorbei.
Doch ich hör' das Lied nicht mehr, ein Flugzeug fliegt mit Überschall.
In der Neubausiedlung hallt noch lang der Knall.

Erinnerung (1985)

Ich kann mich noch genau erinnern,
damals, in der kleinen Stadt
war sie o.k., sie war da ein Mensch,
der nicht Glas und Beton vorm Schädel hat.
Ihre Träume gingen oft viel zu weit,
sie konnte es nicht lassen.
Und ich dachte, das schaffe sie wohl nie,
sich irgendwie anzupassen.

Um den Hals trug sie zur Erinnerung
damals die Silberkette.
Und hinter der alten Kirche rauchten wir
die erste Marihuana-Zigarette.
Ihre Jeans waren verwaschen
und oft geflickt.
Unter ihren langen Haaren haben mich
warme Augen angeblickt.

Sie war auch manchmal in der Kneipe zu finden
bei ein paar Bier.
Mit den Spießern, die ihre Ideale dort suchten
und ihre Jugend, diskutierten wir.
Trampend an der Straße
habe ich sie oft gesehen.
Was ist bloß aus ihr geworden?
Wie konnte das nur geschehen?

Vor kurzem sah ich sie wieder - in der großen Stadt.
Sie hat nur weggesehen,
sie wurde ein Mensch,
der Glas und Beton vorm Schädel hat.
Wer hat bloß gesagt: Aus Dir soll was werden!
Wer konnte das nicht lassen?
Und so hat sie es gelernt, sich empor zu kratzen
und sich anzupassen.

Vielleicht wurde sie von jemandem erpresst ?
Wer kann das wissen?
Du kriegst den Beruf erst, wenn Du artig bist.
Wenn Du artig bist darfst Du mich küssen.
Irgendwer hat ihr die Krallen
und die Zähne genommen?
Waren es die Bürokraten?
Oder ein Mann? Vielleicht sollte es so kommen?

Vielleicht fand sie sich in der Welt nicht zurecht
und hat ihre Träume übertrieben.
In mir ist bloß die Erinnerung
an früher noch geblieben.

Reservation (1986)

Alles klinisch rein,
alles o.k.
Von den Behörden gecheckt,
bevor ich es seh'.
Die Menschen angereichert,
die Menschen entzweit.
Blei in der Luft - so riecht die neue Zeit.

In diesem ganzen Chaos
von Computern programmiert,
gibt es kaum noch einen,
der den Verstand nicht verliert.
Die Politik, die da gemacht wird,
ist die von ein paar Irren.
Kein Wunder, dass überall die Waffen klirren.

Natur in Reservaten,
mit Stacheldraht ringsrum,
darunter die Halden mit Plutonium.
Ich brauche nicht zu denken,
andre tun es für mich.
Dass ich den schiefen Weg grad gehe,
doch da irren die sich.

Auf der Straße (1986)

Ich sehe, wie der Morgen aufsteht
und sich noch räkelt und noch streckt.
Ich sehe, wie die Sonne aufgeht
und die Vögel dabei weckt.

Der Asphalt unter meinen Füßen
bringt mich zu den Bergen, in mein Land,
wo ich Dich, wo ich Dich,
wo ich Dich damals fand.

Du hast gesagt, Du wartest,
doch vielleicht bin ich schon zu lange weg.
Das sollst Du selbst entscheiden!
Raus, aus dem Alltagsdreck!

Warum bist Du damals nicht mitgekommen,
Du hattest doch auch die Nase voll
von dem schmierigen Tratsch und der kalten Stille,
diese Tramperzeit war wirklich toll.

Ja, ich glaube, ich habe allerhand gesehen,
weiß, was die da oben wollen:
Hast Du lange Haare, verwaschene Jeans
kommst Du in die Ausweiskontrollen.

Ich habe viele kennengelernt,
manche wollten einfach raus.
Doch sie schafften es nicht,
der Fernseher, die Schrankwand, das Geld wartete zu Haus.

Doch ich glaube, es war 'ne schöne Zeit,
und ich glaub', ich war ein wenig frei.
Ich geh' weiter, halt den Daumen raus,
doch die Autos fahren vorbei.

Wir wollen heute leben (1986)

Die ganze Woche schuften,
für viel zu wenig Geld.
Und für das bisschen Knete
seh' ich gar nichts von der Welt.
Ich hab' es satt, dass mich der Alltag dazu zwingt
mich sinnlos abzudichten, weil das absolut nichts bringt.

Hunderttausend Leute,
alle ganz normal,
reden von der Zukunft.
Wie ich mich jetzt fühl'? Scheißegal.
Doch weil es keinen gibt, der mein Leben mir ersetzt,
will ich, was ich will: Und leben will ich jetzt.

Ich kann sehr viel verstehen,
alles braucht seine Zeit.
Und ich bin ja wirklich auch
fast zu jedem Scheiß bereit.
Doch das Warten hat ein Ende, das Leben ist ja live!
Und die Zeit zur Veränderung ist jetzt reif.

Ich werd' jetzt endlich fordern,
fordern wie noch nie.
Das Maul wird nicht gehalten!
Die Forderung ist die:

Wir wollen heute leben - und nicht in hundert Jahren!
Wir wollen nicht so werden, wie unsre Alten waren!
Wir wollen diskutieren und unsre Fehler sehen!
Wir wollen dorthin reisen, wo auch andre Winde wehen!
Wir werden immer mehr! Und bald sind wir genug.
Und faule Kompromisse betrachten wir als Betrug.

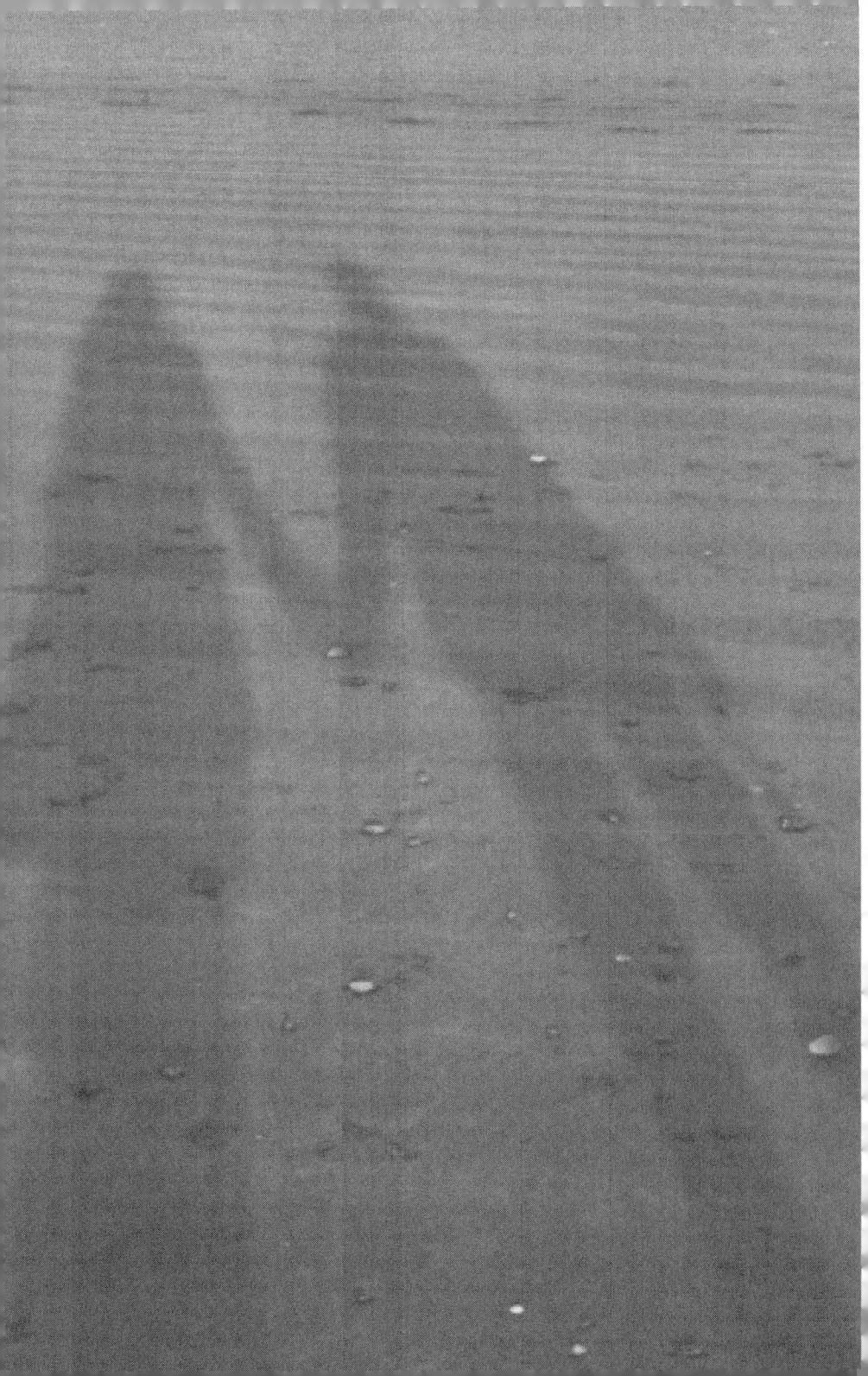

Fünf Minuten Aufenthalt (1986)

Ich sitze im Zug, ein Bahnhof kommt,
fünf Minuten Aufenthalt.
Die Scheiben beschlagen, draußen schneit's,
die Nacht ist ziemlich kalt.

Die Bremsen quietschen, ein Zeichen für die,
die sich wiedersehen -
ein Zeichen der Freude. Ein Zeichen der Trauer
für die, die wieder gehen.

Im Neonlicht stehen sie,
das Pärchen: Er ist Soldat.
Sie küssen sich, keiner stört,
denn für ihn geht es wieder auf große Fahrt.

Die Augen des Mädchens glänzen so,
sind's Tränen oder ist's der Schnee,
der ihr in die Augen fällt?
Man merkt, der Abschied tut ihr weh.

Auf der Treppe dort ist die Freude groß:
Die Oma kommt zu Besuch.
Der Junge und das Mädchen tanzen um sie herum.
Zu erzählen gibt es bestimmt genug.

Wenn die Oma auch müde ist,
die Bahnfahrt war doch ziemlich hart,
freut sie sich, dass sie ihre Familie
wiedergesehen hat.

Ein Mann ausgestiegen, mit Aktenkoffer,
sieht aufgeregt um sich herum.
Schaut auf seine Hand, nimmt den Ring vom Finger.
Das Ding was er vorhat, ist sicher ziemlich krumm.

Und dann kommt diese Frau, und sie küssen sich,
auf die hat er wohl gewartet.
Sie gehen vom Bahnsteig und ich höre leise,
wie sie ihr Auto startet.

Da plötzlich knackt es im Lautsprecher:
„Schließen Sie die Türen."
Ich sehe am Kiosk die Arbeiter,
die gerade eine große Rede führen

und die Klasse dort und die beiden Jungs,
die schon ziemlich besoffen sind,
und da das Mädchen, das umsonst gewartet hat
wie auch die Frau dort mit dem Kind.

Ich sitze im Zug, der Pfiff ertönt,
vorbei der Aufenthalt.
Die Scheiben beschlagen, draußen schneit's,
die Nacht ist ziemlich kalt.

Am nächsten Bahnhof das gleiche Bild:
Freude, Trauer, Herzlichkeit,
ein bisschen Liebe, ein bisschen Lüge
und fünf Minuten Aufenthalt.

Spitzellied (1986)

Schüffeln ist mein Lieblingsfach,
da macht mir keiner was vor.
Sagt irgendeiner irgendwas,
dann spitze ich mein Ohr.
Das ist für mich wie 'n Abgang,
den Beruf hab' ich so lieb,
ach wie gut, dass es keiner weiß:
Ich bin Spitzel im Betrieb.

Ich hab' die Meinung meines Chefs
und passe mich leicht an.
In Diskussionen rede ich nicht viel,
weil man so mehr erfahren kann.
Kann ich mir was notieren,
wird's in meiner Hose feucht.
Das spionieren gefällt mir so,
es ist auch kinderleicht.

Dafür werd' ich gut bezahlt,
das ist 'n Primajob.
Ich hab' zwar große Ohren aber
keinen großen Kopp.
Schlüssellöcher, offene Fenster,
je nach Bedarf,
das wirkt auf mich wie Reizwäsche,
da werde ich ganz scharf.

In Kneipen und am Arbeitsplatz
bin ich oft gut aufgelegt,
das ist wie eine Entjungferung,
ich bin ganz aufgeregt.
Bis zum Arbeits- oder Kneipenschluss
bleib' ich immer munter.
Auf dem Klo schreib' ich mir dann alles auf
und hol' mir noch einen runter.

Sehr spät werf' ich mich in mein Bett
von dem Job übelst gestresst.
Und doch ist es die Spitzelei,
die mich am Leben lässt.
Ich glaub', wenn's keinen mehr gibt,
den ich aushorchen kann,
spioniere ich mich selber aus
und scheiß' mich selber an.

Ich denke oft zurück (1986)

Ich denke oft zurück, der Himmel ist so weit,
ich denke oft zurück an die Vergangenheit.
Ich stehe hier allein, über mir ist nur die Nacht.
Ich denke oft zurück, was hab' ich nur gemacht.

Dort wo der Himmel raucht, in der großen Stadt,
bin ich oft ausgerutscht, das Pflaster war zu glatt.
Hab' ihm und ihr vertraut, hab' sie und ihn geliebt.
Wollte König sein, und war doch nur ein Dieb.

Ich hatte keine Chance, wollte sie auch nicht,
war doch schon versumpft, stand nie im Sonnenlicht.
Ich habe nicht geglaubt, dass das mal anders wird.
Hab' nicht viel geredet, doch zuviel zugehört.

Ich habe nicht geglaubt, dass es einen für mich gibt,
der auch mir mal zuhört, der mich ehrlich liebt.
Die Zeit verging zu schnell, wie ein Hundert-Meter-Sprint.
Eine Antwort auf die Fragen wusste nur der Wind.

Doch aus dem Wind, da wurde Sturm, aus dem Sturm dann ein Orkan.
Die Sterne kamen näher, hab' die Liebe doch erfahr'n.
Ich lief aus dieser Stadt, die so rauchig ist,
hoffe, dass man mich dort schnell vergisst.

Ich dachte es geht nicht, aber es ging doch:
Schwäche ist 'ne Stärke, Angst kein schwarzes Loch.
Gefühle, sagt man, sind an manchem Platze fehl,
doch ich geb' sie offen zu, mache daraus keinen Hehl.

Wenn ich die Welt beschau', weißt Du was ich mich frag'?
Wer hat denn noch Gefühl und legt das an den Tag?
Wer verbirgt es nicht hinter Arbeit, Suff und Geld?
Wir brauchen mehr Gefühl, mehr Gefühl in unsrer Welt.

Tschernobyl ist in der Nähe (1986)

Auf dem AKW weht die rote Fahne,
da kann ja dann nichts passieren!
Die Atome haben bewusste Parteilichkeit
und wollen gar nicht emigrieren
aus ihrem schönen, neuen Strahlenschutzmantel,
der sie umfängt.
Und der Parteisekretär versichert,
dass er jedes Atom ganz persönlich kennt.

„Und", so wird dann argumentiert,
„wir brauchen Energie, sehr viel.
Und wir haben alles unter Kontrolle
und es steht nichts auf dem Spiel."
Und doch! Eines schönen Tages
ist es doch passiert.
Die Atome haben gegen den Chef gemeutert
und vierzig Leute sind krepiert.

Wieviel noch sterben, das ist noch im Dunkel,
dafür fehlt noch das Licht.
Nur gut, dass der Wind parteilich war,
denn an diesem Tag wehte er nicht
in Richtung Stadt, in der Millionen arbeiten und leben,
und die nicht wussten, was geschah,
dass der Wert ihres Lebens eigentlich
kein Pfifferling mehr war.

Und, was lernten die Politiker daraus?
Sie machten Krach und waren laut!
Schimpften auf die Atome, die gemeutert haben,
doch das neue AKW wird weiter gebaut.
Und sie machten 'ne große Konferenz,
wie man sich nächstens besser informiert,
damit statt 'ner Million nur 900 000 sterben,
falls mal was schlimmeres passiert.

Und das neue AKW ist nicht weit weg,
es ist gleich um die Ecke.
Und es singt mir sein liebstes Lied:
„Du beherrschst mich nicht, darum verrecke."
Heute fällt eine Pumpe aus,
morgen ist irgendwo ein Leck.
Die Strahlen schweben munter in der Welt umher
und kümmern sich 'nen Dreck.

Tschernobyl ist in der Nähe!
Tschernobyl ist schon ganz nah!
Es geht darum, dass nicht dasselbe nochmal passiert,
was in Tschernobyl geschah.
Tschernobyl ist in der Nähe,
und dort gibt es Strahlenkranke!
Was bleibt mir da noch zu sagen, außer:
„Atomkraft - nein danke!"

Träume sind wie Sterne (1986)

Manchmal, wenn ich abends
mit diesem Leben fertig bin,
und ich seh' in diesem Chaos nicht mehr durch,
und keinen Sinn.
Dann schließe ich die Haustür hinter mir,
und spann die Pferde an
vor die Kutsche meiner Träume,
dass ich ausfahren kann.

Dann schaue ich ganz sehnsüchtig
in die blaue Nacht.
Und sehe meine Freunde, die Sterne,
haben die Lichter angemacht.
Die Hufe meiner Pferde
berühren den Boden schon nicht mehr,
und ich hebe langsam ab
und die Sterne kommen näher.

Dann bin ich im Universum
und die Erde ist so klein.
Ich denke an den Scheiß vom Tag,
an die Nervereien.
Hier ist alles so gigantisch,
'ne andere Dimension,
und ich frag' mich: Wieso verkaufst Du Dich
für einen Judaslohn?

Die Zeit hat hier eine andere Bedeutung.
Was bedeutet schon ein Menschenleben?
Wo die Sterne doch Milliarden Jahre existieren,
wenn sie mir auch keine Wärme geben.
Doch dass sie mich überleben
wirkt in mir unendlich nach.
Sie rufen in mir das Fernweh wach.

Die Kutsche rollt im Wahnsinnstempo
zu den nächsten Galaxien.
Doch einem Stern bin ich nicht näher gekommen,
kann der Erde nicht entfliehen.
Da lugt die blöde Sonne um die Ecke,
das Sternenbild verblasst.
Dabei hätte ich den ersten Stern
beinahe angefasst.

Schade, fast wäre mir der Sprung
zu den Sternen geglückt.
Ich spann die Pferde aus,
fahre die Kutsche rein,
auf dass es mir morgen glückt.
Denn ich werde wohl bald wieder,
bei meinen Träumen sein.
Und ich weiß: Für heute
kriegt mich keiner klein.

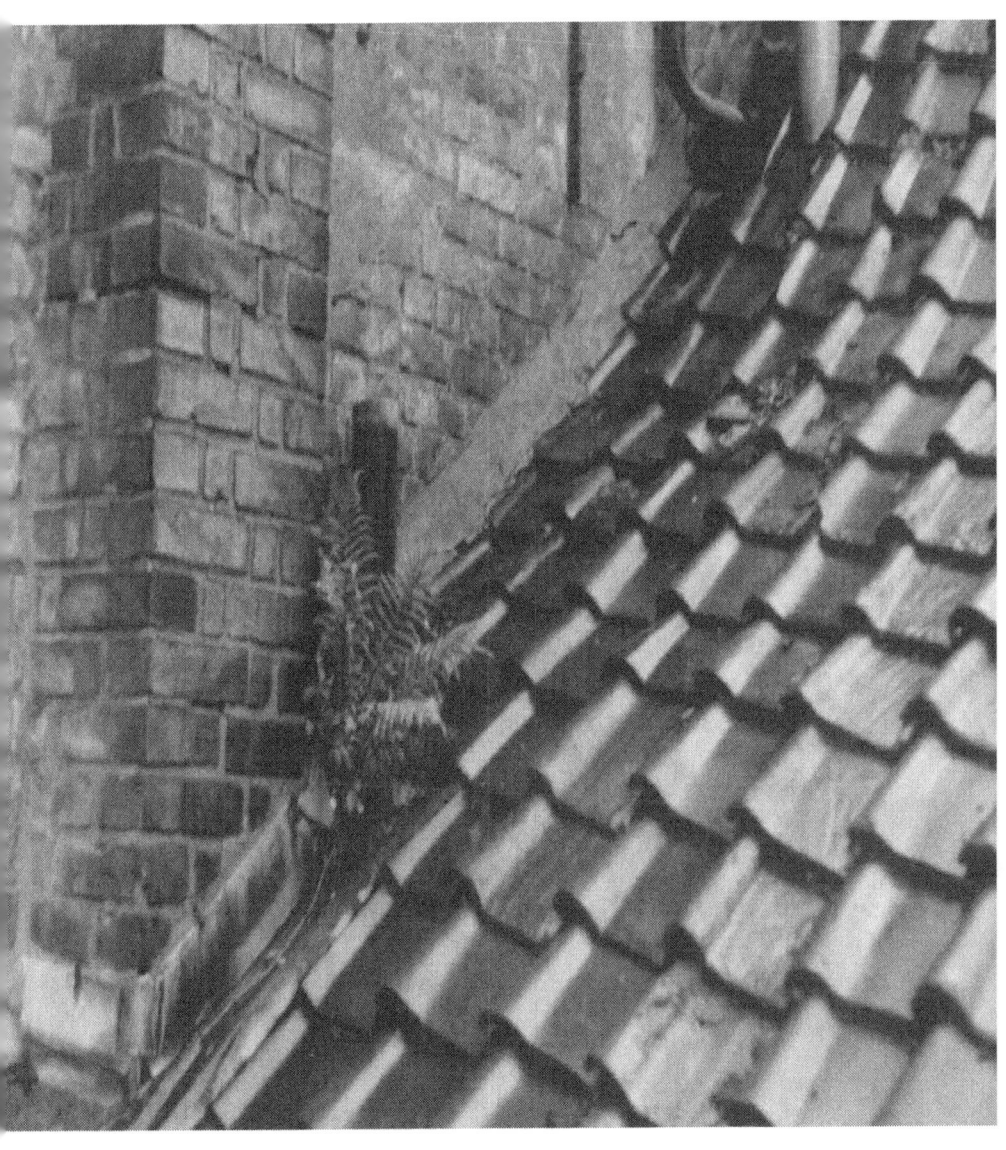

Mitten im Chaos (1986)

Wenn ich diese Welt beschau'
bin ich leicht verbittert,
weil meine Nase da
'ne große Scheiße wittert.
Ein Riesenhaufen angehäuft
und brüchig sind die Trosse.
Und Schuld an dem ganzen Mist
sind die großen Bosse.
Dort wo Menschen in sinnlosen Kriegen krepieren,
dort wo Atomkraftwerke explodieren.

Sie sagen nicht, was sie tun,
und tun nicht, was sie sagen.
Sie fliegen auf den Mond
und dürften damit doch nicht prahlen.
Denn nur tausend Kilometer
weiter Richtung Süden
sieht man ein verhungertes Kind
neben der toten Mutter liegen.
Und sie verbrauchen unsere Knete für eine neue Rakete.

Sie glauben, dass sie herrschen,
doch sie haben eins vergessen:
Die meisten denken nur
an ihr Auto und ihr Fressen.
Bei denen haben sie es geschafft,
weil die sagen:
„Leck mich mal."
Und fliegt die Erde in die Luft
ist das denen scheißegal.
Doch zum Glück sind noch nicht alle
Gefangene ihrer Kralle.

Und Du verlangst, ich soll nicht klagen,
ich soll mich auf das Wesentliche konzentrieren.
Doch wie denn? Mein Gott,
wir leben mitten im Chaos.

Doch ich glaub', es gibt 'ne Hoffnung
diesem Chaos zu entrinnen.
Lass uns doch damit
am besten gleich beginnen.
Das Ziel ist leicht zu finden,
es ist leicht zu begreifen.
Höre darauf,
worauf sie zusammen alle keifen:
Auf die Bewegung für Frieden und Ökologie,
wir haben nur die eine Chance,
und wir nutzen sie.

Denn, sage mir: Was kann sinnvoller sein,
als dieses Chaos in Harmonie umzuwandeln,
mein Freund, komm hilf,
es ist doch auch Dein Leben!

Deine Augen (1986)

Ich such' die Augen, die mich tief ergründen.
Ich such' die Augen, die noch fragen warum.
Ich such' die Augen, die die Antwort auch finden,
laut und still, doch niemals stumm.

Ich such' die Augen, die noch ehrlich träumen.
Ich such' die Augen, in denen Kindheit noch lebt.
Ich such' die Augen, die mit sich selbst aufräumen,
in denen noch die Liebe schwebt.

Ich such' die Augen, die noch weinen können,
Augen voller Seligkeit.
Ich such' die Augen, die sich manchmal verrennen
in irgendeine Ewigkeit.

Ich such' die Augen, die noch zärtlich blicken,
die Feuer und Wasser sind zugleich,
die mir ihre Liebe schicken
in mein erträumtes Träumereich.

Ich such' die Augen, die die Nacht erhellen,
dass der Mond nur neidisch zusehen kann.
Ich such' die Augen, die Entschlüsse fällen,
die Augen mit dem Zauberbann.

In der Sommerzeit (1987)

In der Sommerzeit,
wenn sich die Vögel anschicken
im Wald mit den Pärchen
um die Wette zu fffffliegen,
in der Sommerzeit
fühle ich mich nicht wohl.
Diese Sommerzeit
finde ich unglaublich hohl.

Denn im Winter,
wenn die Schornsteine rauchen
und wir zum Atemholen
eine Atemmaske brauchen.
Ja, im Winter
kriegt mich von der Straßenkreuzung keiner weg.
Denn ich brauche zum Leben
Smog und Müll und Dreck.

Wenn Du vor lauter Rauch
nicht mehr sprichst, sondern krähst,
liegt das am großen Schornstein,
der den Schwefel in die Gegend bläst.
Selbst die Bäume um uns herum
husten fröhlich mit.
Bekommen sie doch
eine große Packung Stickoxid.

Wenn die Trabi-Auspuffe
durch die Straßen sabbern
und im Luftkurort
die Leute was von „Umweltschutz" labern,
verdunkeln Abgaswolken aus der Kupferhütte
wunderschön das Licht.
Keiner stört sich dran,
Smogalarm gibt es bei uns nicht.

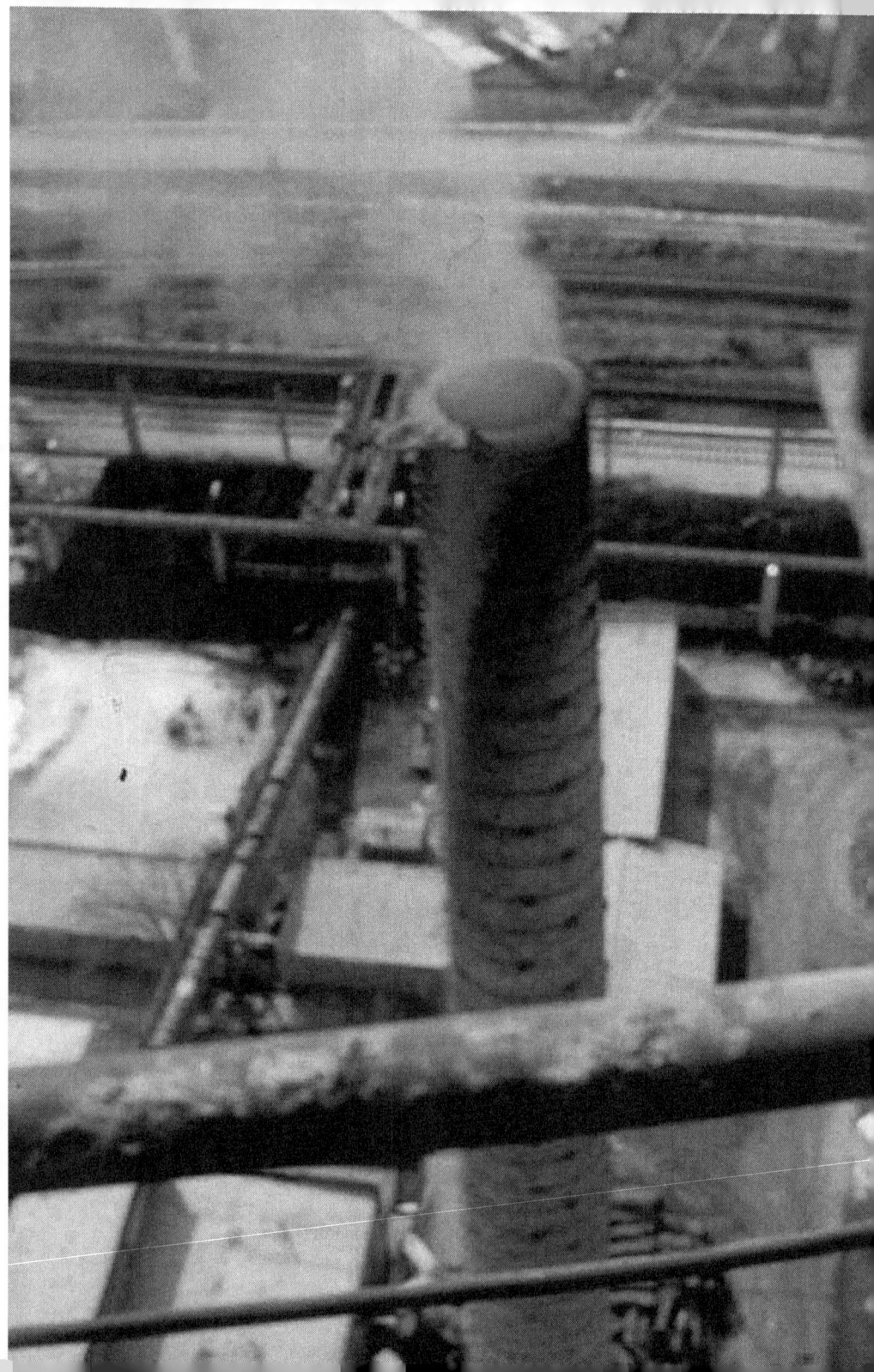

Die Lungen des DDR-Menschen
sind ein Phänomen.
Wir besitzen nämlich
ein besonderes Atemsystem!
Man hört auch nur Zustimmung
und keine Klage,
besitzen große Schornsteine
eben keine Entschwefelungsanlage.

Schuld an dem Smog
sind der Wind und die Berge,
Rumpelstilzchen, Rumburak
und die sieben Zwerge.
Weil man bei uns im Staat
niemals Fehler macht!
Denn bei uns zahlt man nun einmal
für die Wahrheit die Pacht.

Darum sollte man das Beste
aus diesem Zustand machen
und sich im Babyalter
schon voll mit Abgase krachen.
So wird man dann
gegen saubere Luft immun.
Lasst uns quarzen und qualmen,
es gibt noch viel zu tun.

Ein altes Sprichwort (1987)

Ein altes Sprichwort sagt: Wo kein Gold ist
kann man keine goldnen Fäden spinnen.
Damit wollen wir unsere heutige
Moralpredigt beginnen.
Euer Weg ist vorgezeichnet!
Euer Weg ist schon gebaut!
Führen wird Euch der Präsident,
denn der ist ein erfahrener Scout.

Ein altes Sprichwort sagt: Der erste Blick
trügt meistens nicht.
Drum tragt keine langen Haare
und schon gar nicht im Gesicht!
Auf sein Äußeres muss man achten,
auf sein Äußeres lege man Wert,
sonst kann man's im Leben zu nichts bringen
und lebt völlig verkehrt.

Ein altes Sprichwort sagt: Sich unterordnen
ist des Bürgers erste Pflicht.
Niemals fragen, niemals denken
und 'ne andere Meinung bitte überhaupt garnicht!
Immer schön Zeitung lesen,
bald eine Familie gründen.
Immer schön arbeiten und die Schnauze halten,
sein privates Glück schnell finden.

Ich sag': „Macht kaputt, was Euch kaputt macht,
ehe es Euch umhaut.
Wir brauchen keine Ruhe,
wir brauchen keinen Scout.
Wir haben unsere eigene Meinung,
hängen die Haare auch ins Gesicht.
Ein altes Sprichwort sagt: Wo Recht zu Unrecht wird,
wird Widerstand zur Pflicht."

Kennst Du das Land (1987)

Kennst Du das Land, wo die Städte stinken?
Kennst Du das Land, wo die Fische im Wasser ertrinken?
Kennst Du das Land, wo man Giftmüll importiert?
Kennst Du das Land, wo der Wald den Halt verliert?

Kennst Du das Land, wo man Atomkraftwerke baut?
Kennst Du das Land, wo keiner dem anderen traut?
Kennst Du das Land, wo nur Arbeitsproduktivität zählt?
Kennst Du das Land, wo man die Natur zu Tode quält?

Kennst Du das Land, wo noch viel zu viele Angst vor den Mächtigen haben?
Kennst Du das Land, wo die Ängstlichen sich selbst zu Grabe tragen?
Kennst Du das Land, wo Fernsehen und Alkohol den Fluchtweg bringen sollen?
Kennst Du das Land, wo immer mehr Deserteure werden wollen?

Der Countdown läuft, bald ist alles zu spät!
Wir können nicht darauf warten, bis der Wind sich dreht.
Wir haben sie nicht mehr, diese endlose Geduld,
wenn wir jetzt noch länger die Schnauze halten, sind wir selber Schuld!

Kennst Du das Land, wo der Baum der Unzufriedenheit erstarkt?
Kennst Du das Land, wo man leise, doch unbequem schon fragt?
Kennst Du das Land, das auch Deine Stimme braucht,
bis der letzte Schornstein mit 'ner Entschwefelungsanlage raucht?
Kennst Du das Land?
In Dir und mir fließt das gleiche Blut,
das Blut des Widerstands,
wir haben uns viel zu lange ausgeruht.

Blues vom morgendlichen Aufstehen (1987)

Morgens, wenn ich aufsteh'
blendet mich kaltes Licht.
Ich habe keine Kennung
und auch Orientierung nicht.
Ich weiß nicht, wo ich hingehör',
dem Schlaf so grad entrissen.
Hab' meine Träume umgebracht-
und werd' sie doch vermissen.

Ich krieche in mich zusammen,
vielleicht find' ich Geborgenheit?
Der Platz neben mir ist leer,
verlassen und schon kalt.
Und ich fühl', wie diese Scheiß-Realität
mich wieder mal bezwingt.
Das ist der erste Tod für mich
bevor der Tag beginnt.

In der Zeitung bunte Bilder dort
von dieser kaputten Welt.
Und ich fliege, wie eine Zigarettenkippe,
die aus dem Fenster fällt.
Das Kleid von Dir hängt so verlassen da,
weiß nicht, wozu es dient.
Der Wecker hat mich wieder mal umgebracht
und dieser Mord bleibt ungesühnt.

Und dann beginnt die Suche nach dem Nirgendwo,
das gerade hinter mir liegt.
Durch einen Wecker unerreichbar weit,
wie Rauch, der sich verzieht.
So sterb' ich jeden Morgen - und leb' doch kaum.
Jeden Morgen sterb' ich, jeden Morgen sterb' ich,
ich sterb' jeden Morgen den gleichen Traum.

Sehnsucht (1987)

Sehnsucht nach der Liebsten,
Sehnsucht nach zu Haus.
Sehnsucht nach den Freunden,
Fernweh, einfach raus.
Sehnsucht nach Geborgenheit,
Sehnsucht nach Abenteuer,
und das alles brennt in mir
und ich gieße noch Öl ins Feuer.

Sehnsucht nach dem Neuen,
Sehnsucht jetzt und hier.
Sehnsucht nach Erinnerungen,
Sehnsucht nach Dir.
Sehnsucht nach dem großen Glück
und das ganz ungeheuer,
und das alles brennt in mir
und ich gieße noch Öl ins Feuer.

Sehnsucht nach dem Alleinesein,
Sehnsucht nach Streiterei.
Hunderttausend Widersprüche,
doch ich bin dabei.
Sehnsüchte, die mich treiben,
unbezahlbar teuer.
Ja, das alles brennt in mir
und ich gieße noch Öl ins Feuer.

Diese Wünsche, diese Träume,
diese Sehnsüchte sind in mir.
Ich wäre wohl kein Mensch mehr,
wenn ich sie verlier'.
Machen sie mich auch völlig fertig,
geben mir den letzten Stoß,
dann steh' ich eben wieder auf
und dann geht's wieder los!

Es weint sogar der Wind (1987)

Ich bin mal wieder total am Ende,
weiß nicht, wie es weitergeht.
Kann ich wirklich so leben,
wie mir das vorschwebt.
Manchmal denk' ich, dass ich stark bin
und den Weg find',
der mich endgültig rausbringt
aus diesem Labyrinth.

Doch dann weht mir den Wind um die Ohren,
und ich mach einen Haufen Scheiß.
Und mein Gott, wie oft hab' ich mich schon verloren,
und es kommt oft vor, dass ich gar nichts mehr weiß.
Dann setz' ich mich in irgendeine Ecke,
und frag' mich, wo die Träume sind.
Und find' ich keine Antwort drauf
weint sogar der Wind.

Doch Du hilfst mir dann wieder
zu mir selbst zurückzufinden.
Und dann spüre ich meine Ängste
und Bedenken langsam verschwinden.
Dann werf' ich den Verstand über Bord,
und leite mich von meinem Gefühl,
denn den Mut dazu, hab' ich wieder,
und davon richtig viel.

Dann hab' ich den Mut zum Risiko,
stell mich dem Wind entgegen
und setze meine Träume durch,
sind sie auch noch so verwegen.
Ich greife nach dem nächsten Stern,
den ich am Himmel find'.
Die Computer kriegen Angst vor mir
und vor Freude weint der Wind.

Gefangenes Leben (1987)

Ihr redet viel Zeug, Ihr redet viel Mist,
auf dass ich mich selbst aufgebe.
Auf dass ich so wie Ihr existiere
und nicht so wie ich will lebe.
Und ich weiß, dass Ihr Millionen seid,
wollt gar keine andere Wahl.
Und ich weiß, dass es mich nur einmal gibt,
mich gibt es nur einmal!

Ihr könnt es nicht verstehen, wenn ich nachts aufsteh'
um Richtung Horizont abzuhauen.
So ganz ohne Plan und Vorbereitung,
für Euch wäre das ein Grauen.
Auf Eure Chefs, da pfeif' ich drauf,
die werden von mir ausgelacht,
denn über mir ist nur der Himmel,
und keine andere Macht.

Euer Leben ist für mich ein Albtraum,
warum lasst Ihr Euch so belügen?
Mit Geld seid Ihr bestochen,
wollt Ihr Euch wirklich betrügen?
Euch bleibt ja nur noch der Neid
auf alle, die nicht so sind, wie Ihr.
Sie zu fangen versucht Ihr mit Worten und Gewalt
und ich spüre schon die Netze über mir.

Vielleicht hab' ich bis jetzt auch nur Angst gehabt,
das ist der Nachteil von Gefühlen.
Die können einem manchmal
ungewollte Streiche spielen.
Ich hab' Euch vertraut, bin zu Euch gegangen,
um mit Euch zu diskutieren.
Doch Ihr holtet die Ketten und ließet mich
in Euer Dasein entführen.

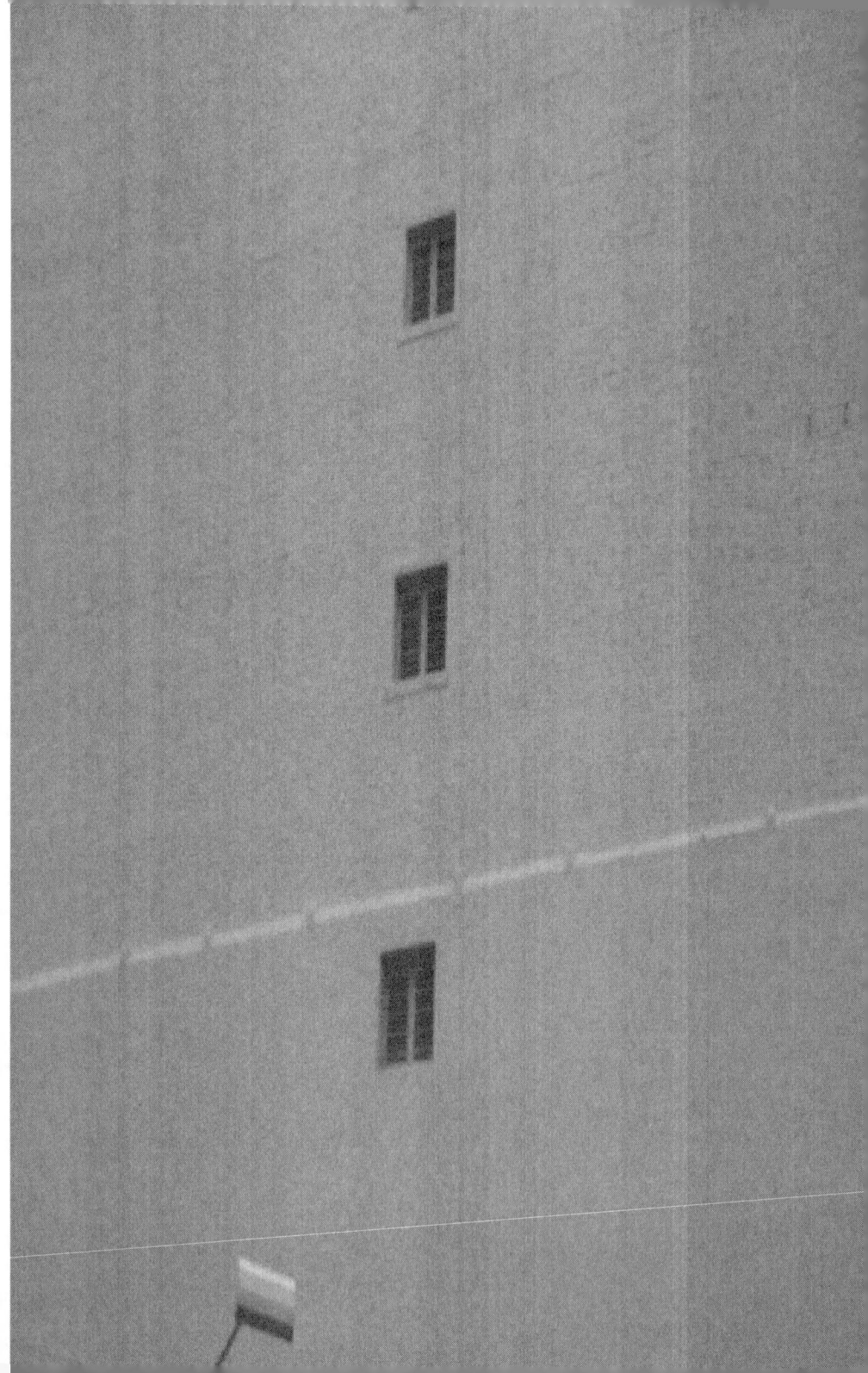

Wie einen gefangenen Bären,
so behandelt Ihr mich.
Ihr habt mich zwar gefangen,
doch zähmen könnt Ihr mich nicht!
Bei der ersten besten Gelegenheit,
egal wann und wo das sei,
zerreiß' ich die Ketten und dann renne ich los
und bin wieder frei.

Und dann such' ich mir ein schönes Weib,
und dann sind wir auch schon zwei.
Dann kommen noch mehr, meine Freunde auch,
die sind dann alle mit dabei.
Bei Euch bricht die totale Panik aus,
denn Ihr beginnt die Zukunft zu wittern.
Und all die Chefs und Mächtigen
fangen an zu zittern.

Die Leute vom Mars (1987)

Keiner ahnt es, und doch: Es ist wahr.
Die Typen vom Mars sind unter uns, sie sind da!
Es bleibt ein Rätsel, warum sie keiner erkennet,
wo doch ein jeder von denen seltsame Signale aussendet.

Sie benehmen sich recht außerirdisch,
merken nichts und sind schnell mürrisch,
gekennzeichnet durch einen Kontrollierkontrollenwahn.
und haben eine herrlich grüne Uniform an.

Jeder denkt sich: Es muss wohl so sein,
ich tue, was der will, ich bin nicht so gemein.
Und will der meinen Ausweis sehen.
Soll er ihn haben, bitteschön!

Werd' ich nachts überfallen ist das nicht weiter schlimm,
ich weiß, die wollen mich kontrollieren, wer ich wohl bin.
Was ich so spät noch auf der Straße treibe,
warum ich nicht einfach zu Hause bleibe.

Im Winter mach' ich's gerne, denn dann nehmen sie mich mit.
Ich gehe nachts auf die Straße, eine Kontrolle ich erbitt'.
Habe keinen Ausweis bei, weiß wo ich gleich bin.
Zu Hause spar ich Kohlen, es hat alles einen Sinn.

Will ich von meiner Frau mal weg, gehe ich schnell vor die Tür.
Spätestens nach zwei Schritten steht schon einer neben mir.
„Ausweis! Beweisen Sie Ihre Identität!"
Hab' ich keinen mit, wird es wieder ziemlich spät.

Seht Ihr also einen mit einer grünen Uniform,
der gern kontrolliert und der geht nach jeder Norm,
so lasst es ihn nicht merken, dass Ihr's ja schon wisst,
dass dieser Trottel nämlich ein Marsmensch ist!

Legal, illegal, scheißegal (1988)

Mir egal, woher der Wind weht,
ich sage, was ich denk'.
Ich finde es bescheuert,
wenn ich mir mein Hirn verrenk'.
Und ist das manchen Leuten
auch nicht so ganz recht.
Ich sage, was ich denke,
und finde das nicht schlecht.
Ecke ich auch an, das ist mir egal!
Ecken sind nunmal zum Anecken da!

Ich kenn' da ein paar Leute,
die nicht gern verlieren,
die 'ne andere Meinung
überhaupt nicht tolerieren.
Kommen die mit ihrer Meinung
wirklich mal in Not,
erteilen sie ganz einfach
ein Redeverbot.
Doch zu verbieten ist verboten, da stehe ich nicht drauf!
Deshalb mach' ich trotzdem meine Klappe auf!

Wenn der Frühling kommt,
der Frost dann endlich weicht,
jeder das sagt, was er denkt,
dann ist es erreicht!
Und kommt das mit der Freiheit
hier ins richt'ge Lot,
frei reden und versammeln
ohne ein Verbot.
Dann können wir uns entfalten und war es auch nicht leicht.
Dann haben unsere Lieder doch etwas erreicht!

Auf der Suche (1988)

Ja, ich steh' hier auf der Straße,
vor mir die Sonne ist ein roter Ball.
In der Ferne hupt ein Auto,
ein leiser Wind bringt mir den Hall.
Und ich fühle die Weite des Kosmos',
und sie lastet schwer auf mir,
denn ich bin noch auf der Suche,
auf der Suche nach Dir.

Mein Gott, wie weit bin ich schon gegangen,
meine Sohlen sind schon ganz glatt.
Meine Sinne haben die Welt eingefangen,
die noch so viel Fehler hat.
Noch singen viele Vögel
und noch gibt's im Wald das Reh.
Doch ich denk' auch an die toten Fische,
die toten Wälder und die AKW.

Und noch gibt es Minen und Mauern,
und noch gibt es Stacheldraht.
Und noch sorgen Gewehre und Knüppel
für Ordnung in so manchem Staat.
Und noch verhungert auf der Erde
jede Minute ein Kind.
Und noch immer gibt es Menschen,
die arm und einsam sind.

Und noch immer gibt es Leute,
die reden immer nur.
Und derweil ist es drei vor zwölf
auf unsrer Lebensuhr.
Die Erde braucht die weißen Friedenstauben so sehr,
genauso wie die Träume von Luther-King
und Che Guevaras Gewehr.

Doch ich glaube, so ganz alleine,
da verändere ich es nich'.
Doch ich weiß: Es gibt noch viele,
die denken so wie ich.
Und doch fehlt zu meinem Glück
noch irgendetwas mir -
denn ich bin noch auf der Suche,
auf der Suche nach Dir.

Lied der Hoffnung (1988)

Manchmal glaube ich, alles ist umsonst
und der Frust in mir wird immer mehr.
Dann noch irgendwas zu denken, irgendwas zu machen
fällt so schwer.
Dann kotzt mich einfach alles tierisch an,
dann könnte ich vor Ohnmacht schrei'n.
Dann haue ich mich in mein Bett
oder brenn' mir einen rein.

Manchmal denke ich, ich lebe unter Irren
und hier kommst Du lebendig nicht mehr raus.
Dann lieg' ich wie ein Käfer auf dem Rücken
und kriege diese Zwangsjacke nicht aus.
Dann könnte ich vor Wut alles zerstören,
dann denke ich, ich wär' ein Tier.
Dann gibt es keine Rettung für meine Seele,
dann regieren Hass und Wahnsinn in mir.

Manchmal glaube ich nicht mehr an das Gefühl,
manchmal kann ich nichts reden und nichts sehen.
Meine Wünsche reduzieren sich dann auf den Einen:
Wegzurennen, fortzugehen.
Die Probleme, die ich habe, ignorieren,
den Kopf ganz einfach in den Sand.
Zu handeln, wie 'n Computer, der gleich durchdreht,
nicht mehr träumen, nur noch Verstand.

Doch hätte ich wirklich schon die Hoffnung verloren,
dann ständ' ich doch nicht immer wieder auf.
Ich weiß irgendwo gibt es Hoffnung und Glück -
und dann nicht nur für einen Augenblick.

Vorketzin (1988)

Was für ein schönes Land: Reife Felder,
Pilze, klares Wasser und Kiefernwälder.
Hier mal ein Dorf,
dort eine kleine Stadt.
Das ist die Gegend,
wo der Mensch noch Zeit zum Leben hat.

Im Herbst die reifen Äpfel
am Havelstrand
werden geerntet
von Studentenhand.
Und im Winter ist dort die völlige Ruh'.
Der Schnee deckt ein paar wilde Müllkippen zu.

Doch halt was ist das? Da fährt ein LKW
über die sanften Hügel,
durch den weichen Schnee.
Er fährt schnurstracks
Richtung Vorketzin,
das ist ein Mercedes aus Westberlin.

Was hat er wohl geladen für das kleine Nest?
Ist's Spielzeug? Zigaretten? Schnaps?
Oder ist's Asbest?
Oder ist's ein Teil für eine Entschwefelungsanlage?
Oder sind's gar Pornos?
Das ist hier die Frage!

Ich fahre hinterher, doch meine Fragen werden still.
Am Container klebt ein Totenkopf
und drauf steht: „Sondermüll".
Da ist schon das Gelände, aus Stacheldraht ein Zaun.
Und da liegt ein toter Vogel,
gelber Staub auf jedem Baum.

Ich fahr' nach Haus zurück
und frage einen weisen Mann.
Er sagt mir, dass man das kaum begreifen kann.
Diese Anlage zum Müllverbrennen
ist ein Umweltschwein.
In die Luft und ins Grundwasser geht die Scheiße rein.

Ich frag' ihn: „Warum ahnte ich das nicht mal insgeheim?"
Er sagt: „Umweltdaten sind bei uns geheim.
Das Volk weiß nicht wie es aussieht,
mit Strahlen, Chemie und Schund.
Und Zahlen geheim zu halten
hat doch sicherlich 'nen Grund!"

Er sagt: „Der Staat braucht Westgeld,
sieh doch das mal ein.
Dafür holt er den Giftmüll in unser Land hinein.
Für jede Tonne Giftmüll er vierzig Märker kriegt.
Der Boss im Westen freut sich,
billiger geht es nicht.

Im Westen ist das immer 'ne Riesenprozedur:
Verfahren, Bürgerdemos,
doch hier: Keine Spur!
So 'ne Anlage gar in ein Naturschutzgebiet,
wie in Schöneiche,
und da ist's das gleiche Lied.

Da wird keiner gefragt,
Hauptsache die LKWs rollen heran.
Liegt der Müll auch in der Gegend.
Aus dem Schornstein weht Mangan,
Quecksilber, Kadmium, Blei und andrer Dreck.
Der Kommunismus braucht Devisen -
und keinen Wiesenfleck."

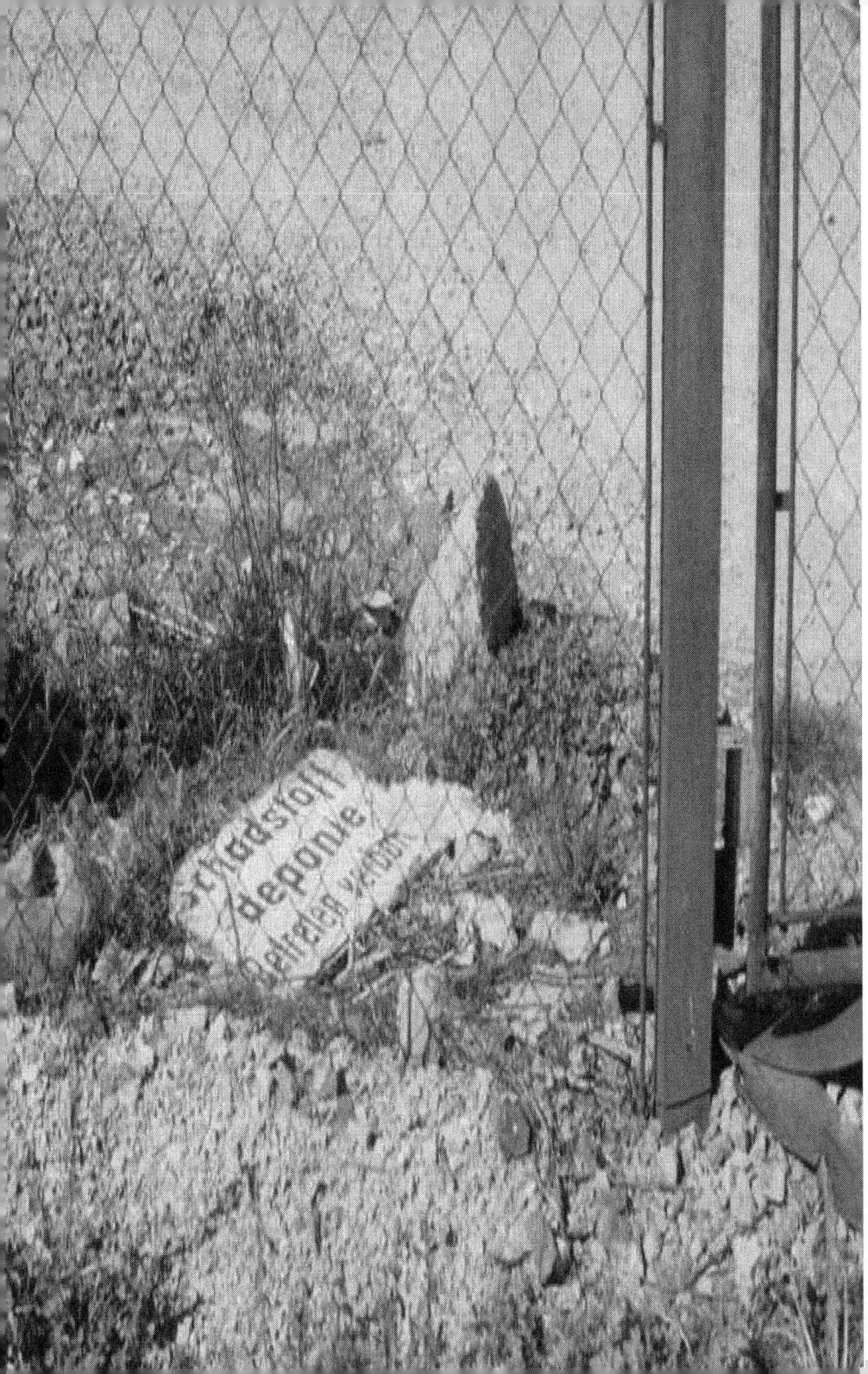

Drum rufe ich Euch alle auf:
„Tut etwas dagegen.
Schreibt Eingaben an den Staatsrat,
gebt nicht Euren Segen.
Wir sind alle Schuld, wenn unsre Umwelt krepiert,
wenn wir uns das gefallen lassen, was mit ihr passiert.

Verweigert den Gehorsam,
stellt unbequeme Fragen!
Mal sehen was diese Umweltschweine
dann so alles sagen.
Fragt so lange nach, bis sie in der Ecke sind.
Guckt Euch an, wer Euch was sagt,
glaubt keinem blind."

Auch der Sänger dieses Liedes,
kann sich ja irren.
Doch das Problem ist viel zu wichtig
um drüber weg zu hören.
Die Attentate auf die Umwelt sind ungeheuer.
Und wo Rauch ist, ist meistens auch Feuer.

Wenn die Wolken Steine weinen (1988)

Wenn die Wolken Steine weinen
zerreißt der Zorn das Meer.
Und die Dinge, die wir meinen,
sind wie unsre Taschen leer.

Und wie das Wasser hinterm Baum
ist das Ende ein guter Freund.
Felsen stürzen in den Schaum.
Wir tun, was die Hyäne meint.

Und selbst die gelbe Nacht!
Ist das Blech schon längst Stahl?
Die elfte Stunde zeigt die Macht.
Die Wälder auf dem Berg sind kahl.

Ein gelernter DDR-Mensch (1988)

Auf der Erde kreucht und fleucht mancherlei Getier
eines davon ist der Mensch. Richtig - das sind wir.
Man rätselt über Nessi, Moby Dick und noch viel mehr.
Doch was ist eigentlich ein Mensch der DDR?

Ein gelernter DDR-Mensch fährt einen Trabanten
und die RGW-Highways sind im Autoatlanten.
Doch fährt er meistens höchstens in die CSSR
mit geschmuggelten Kronen kauft er die Geschäfte leer.

Ein gelernter DDR-Mensch, der guckt gerne fern,
und sogar vom Westen. Das hat die Partei nicht gern.
Am nächsten Tag diskutiert er dann, was er nicht sah:
Die aktuellen Berichte der „Aktuellen Kamera".

Ein gelernter DDR-Mensch erkundet mit viel List,
wo es was zu kaufen gibt, das nicht teuer ist.
So wird dann jede Verkäuferin gefragt.
Die schüttelt stets den Kopf, weil sie sonst nur das Selbe sagt.

Ein gelernter DDR-Mensch fährt im Sommer gerne weg,
der blitzeblanke Ostseestrand ist ein schöner Fleck.
Das exotische Sprachgewirr am Tisch im Urlaubsheim:
Sachsen und Preußen stellen sich jedes Jahr dort ein.

Ein gelernter DDR-Mensch meckert manchmal rum,
doch das macht er nur zu Hause, da nimmt's ihm keiner krumm.
Zu jedem Beschluss hebt er wie alle seinen Arm.
Er wusste nicht, um was es ging, weil Schlaf ihn überkam.

Ein gelernter DDR-Mensch kennt die LPG
von Kuhkackerode aus dem „ND".
Dort wurde einst ein Legehuhn gezüchtet
und darüber wurde dann bekanntlich ausführlich berichtet.

Ein gelernter DDR-Mensch, der hat meistens Schiss
im Ausland zuzugeben, dass er DDR-Mensch is'.
Denn dann wird er immer voller Mitleid angesehen,
behaupten böse Zungen - doch es ist wohl schon geschehen.

Ein gelernter DDR-Mensch demonstriert am 1. Mai.
Mit dem Wink-Element grüßt er die Partei.
Und lächelt von der Bühne dann ein Repräsentant
ist der DDR-Mensch der glücklichste im Land.

Ein gelernter DDR-Mensch singt sehr gern im Chor.
Das kommt beim FDJ-Pfingsttreffen besonders häufig vor.
Es gibt da einen Ohrwurm, da singen alle mit:
„SED - FDJ" heißt der Superhit.

Ein gelernter DDR-Mensch kennt das Weihnachtsfest nicht mehr,
rein ideologisch gibt er keinen Boden her.
Das Fest zum Jahresende von der Religion befreit
betet er zu Gott, dass das auch so bleibt.

Es gibt noch viel zu sagen, wie der DDR-Mensch lebt,
woran man ihn erkennen kann, und wonach er strebt.
Doch es ist wohl ein Fakt, ein jeder kann es seh'n:
Der DDR-Mensch ist und bleibt - ein Phänomen.

Prinzessin (1988)

Die Berge sind so nah
und so wunderbar klar ist die Luft.
Ich dachte, dass der Sommer jetzt erst losgeht,
doch der Winter ruft.
Kleine weiße Wölkchen
zerreißen an den Felsen aus Granit.
Ich dachte, dass ich stehe -
und fahre doch im D-Zug-Tempo mit.

Ich wollte mich nicht ändern,
und kenne mich doch selbst nicht mehr.
Probleme schlagen wie Wetter auf mich ein,
reißen mich hin und her.
Tausend Leute sind um mich herum
und doch bin ich allein.
Ich träumte vom Polarstern
und hab' doch nur den Neonröhrenschein.

Ich lege mich ins grüne Gras
und schau' den Himmel müde an.
Jede Sekunde ist ein Tag,
den mir keiner wiederbringen kann.
Theorien habe ich mehr als genug,
'ne neue brauch' ich nich'.
Ich fliehe vor der Weisheit der Menschen,
ich fliehe für mich.

Nanu! 'ne goldene Kutsche
kommt vom Himmel auf mich zu.
Heraus steigt 'ne Prinzessin
und sie sagt: „Resignieren ist tabu.
Wenn Du nicht resignierst
hast Du drei Wünsche frei.
Doch gibst Du auf
bist Du mir einerlei."

Ich sag': „Ich brauche Liebe,
ganz besonders von Dir.
Das ist mein einziger Wunsch,
die andern schenk' ich Dir."
Und sie sagt zu mir:
„Wenn Du nicht aufgibst
werde ich diejenige sein,
die Dich liebt."

Der Himmel ist so nah
und so wunderbar klar ist die Luft.
Ich dachte schon der Winter kommt,
doch der Sommer ruft.
Schwere schwarze Wolken
verbluten an den Felsen aus Granit.
Ich lebe wieder
und trag' die Liebe im Herzen mit.

Leise rieselt der Schnee - Stendal 19xx (1988)

Leise rieselt der Schnee
auf das brennende AKW.
Unheimlich strahlt auch der Wald -
'ne Sicherung ist durchgeknallt.

In den Herzen wird's warm,
ein Halbtoter röchelt „Alarm".
Die Sorge zu leben verhallt -
'ne Sicherung ist durchgeknallt.

Friedlich ist es und gut,
ein Sterbender kotzt etwas Blut.
Der da stirbt ist erst 12 Jahre alt -
'ne Sicherung ist durchgeknallt.

„Ein Unfall ist dort passiert",
sagt der Kranke, der gerade regiert.
„Demonstranten in die Irrenanstalt -
'ne Sicherung ist durchgeknallt."

Zu entaktivieren ist nicht leicht,
alles ringsrum ist verseucht.
Von der Ostsee bis zum Thüringer Wald -
'ne Sicherung ist durchgeknallt.

Ich bin dafür (1989)

Ich bin dafür, diese Welt zu entgiften
von Panzern für Kinder, und so 'nem perversen Mist.
Ich bin dafür, endlich auch den Hass zu brechen,
der noch viel zu oft in unserer Erziehung ist.

Ich brauche keine Revanchegelüste,
die sich in mich brennen.
Ich bin dafür, ganz einfach
auch mal verzeihen zu können.

Ich bin dafür, Gott und nicht die Kirche zu verehren,
und nicht die Philosophen sondern die Philosophien.
Ich bin für die Absetzung der Weltbeherrscher
und ihrer kaputten Machtstrategien.

Ich bin dafür, tagelang rumzuflippen,
oder Feten zu machen, einfach so.
Ich bin dafür, dass Schwule heiraten dürfen
um sich nicht mehr rumzudrücken auf dem Bahnhofsklo.

Ich bin dafür, dass die Kinder den Staat übernehmen,
und dass die Alten ihnen dabei zur Seite stehen.
Ich bin dafür, einfach nur so loszutrampen
und wann ich will überall hinzugehen.

Ich bin für neue Formen des Zusammenlebens
und dass jeder sagen kann, was er denkt.
Ich bin dafür, dass uns die Zweifel weiter foltern
und das Dogma sich am nächsten Baum erhängt.

Ich bin dafür, Atomkraftwerke einzustampfen
und das gleiche mit Raketenabschussrampen zu tun.
Ich bin dafür, nicht sinnlos zu malochen
und sich doch nicht auf der faulen Haut auszuruhen.

Abstellgleis (1989)

Manchmal liegst Du wach
und die Wände kommen auf Dich zu.
Du suchst verdammt nach Schlaf,
doch Du findest keine Ruh'.
Denn Du denkst zurück:
Wieviel Träume hast Du gehabt.
Nun hast Du keinen mehr,
weil sich keiner von selbst ergab.

Deine Zukunft, die liegt da,
wo sie heute ist.
Du wolltest niemals angepasst sein,
obwohl Du es heute bist.
Täglich neun Stunden gefangen
in Deiner Arbeitswelt.
Hinter die Drehbank,
auf's Abstellgleis gestellt.

Und da ist der Traum:
Die Landstraße ist Dein.
Unter sternenklarem Himmel
schläfst Du lächelnd ein.
Da ist keine Drehbank,
kein Stunk, kein Streit, kein Krach.
Du bist wie Gottes Sohn -
doch der Wecker klingelt Dich wach.

Was nützt Dir Deine Schrankwand,
in der die Flasche steht,
die Du dann in Dich schluckst,
wenn es Dir, wie jetzt so geht.
Dann bist Du wieder
für Deine Maschine geschmiert.
Lieber 'nen Kater haben,
als von Träumen strapaziert.

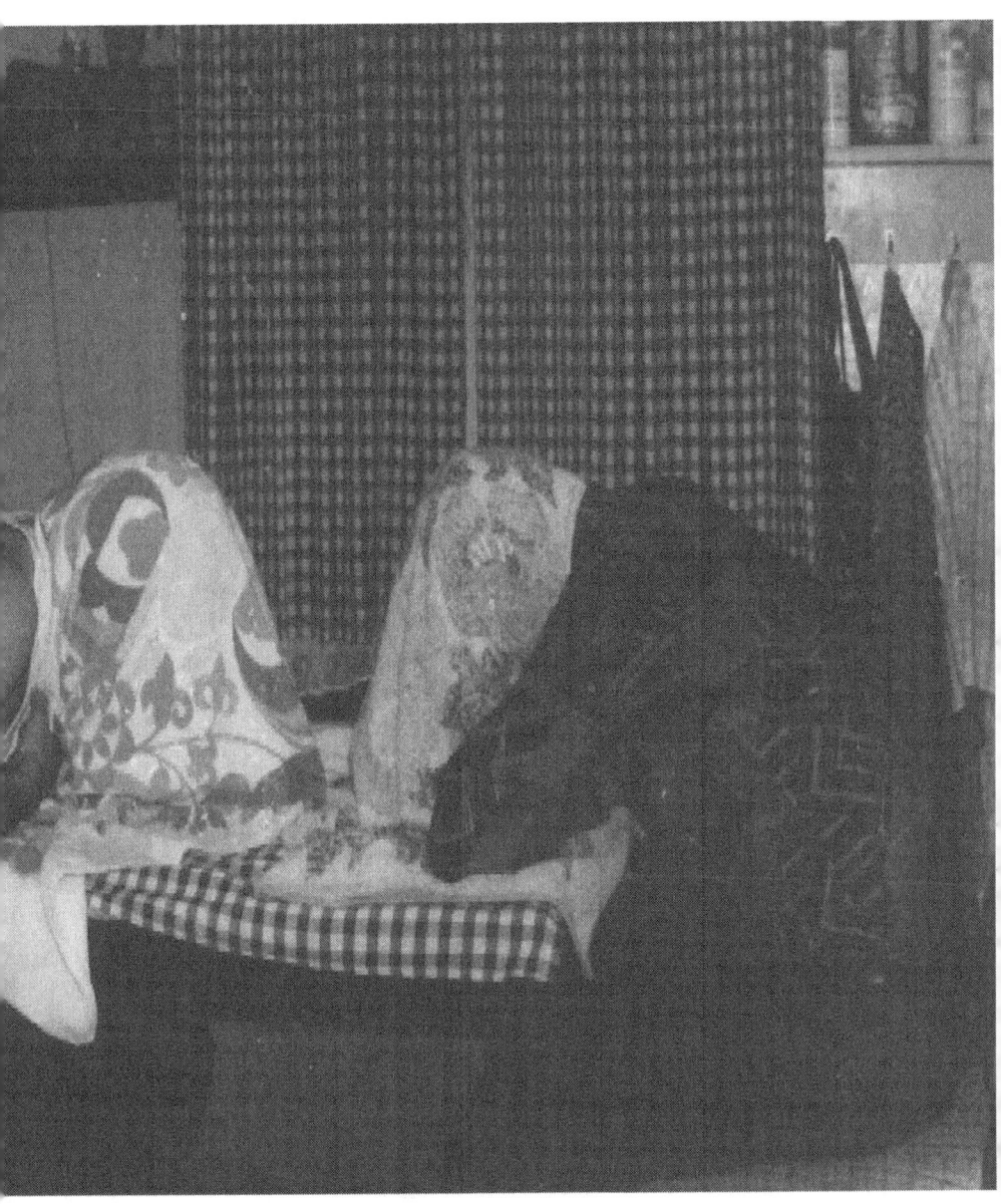

Bonnie und Clyde (1989)

Bonnie und Clyde wohnten bei uns zu Hause,
heißen eigentlich Krause
und sind sehr reich.
Bonnie und Clyde, das sind Sonntagskinder,
wir sind arme Sünder
dazu im Vergleich.

Bonnie und Clyde wohnten hier im Neubaublock,
hatten eine Wohnung im fünften Stock.
Direkt unterm Dach, ohne Fahrstuhl, wie gemein!
Und doch sollte dies zu ihrem Nutzen sein.

Denn der Neubaublock liegt in der Einflugschneise,
gleich um die Ecke gehen Flugzeuge auf die Reise.
Die Urlauber in den Osten, woanders kommen die nicht hin,
die Waren in den Westen. Es hat alles seinen Sinn.

Bonnie und Clyde konnten nachts nicht pennen,
man muss das erstmal können,
bei dem Flugzeugverkehr!
Bonnie und Clyde, sind trotzdem Sonntagskinder,
wir sind arme Sünder
dazu im Vergleich.

Eines nachts passierte es, man hörte es laut knallen,
denn da ist eine Kiste aus einem Flugzeug gefallen.
Direkt in die Stube von Bonnie und Clyde.
Sie sahen jetzt die Sterne, denn die Decke war entzweit.

Sie öffneten die Kiste, und was da zum Vorschein kam!
Spurstangenköpfe, Sperrholzplatten, Kölnisch Wasser, Marzipan,
Räucheraal, Salami, Gips, Wandfarbe, Kaffee,
Märchenbücher, Gartenzwerge, Ananas und Spee,

Räuchermännchen, Autolack, Lampen, Bohrmaschinen,
Plauener Spitze, Bettwäsche, Strapse und Gardinen.
All diese Sachen haben Krauses dort entdeckt,
in der Riesenkiste, und haben sie versteckt.

Bonnie und Clyde wollten jetzt den Reichtum,
wollten's denen gleichtun,
die vermögend waren.
Bonnie und Clyde wollten jetzt 'nen Garten,
nicht auf die Dachdecker mehr warten
und Mercedes fahren.

Der Spartenchef vom „Grünen Baum", der sucht Kristall und Glas,
Meyer von der Bauaufsicht hat an Pornos seinen Spaß,
die Kumpels von der PGH, die die Villa hochziehen sollen,
bekommen Asbach Uralt oder was sie gerade wollen.

So tauscht man Felgen gegen ein Videogerät
und eine Markenjeans, auf die so mancher steht.
Eine Ladung Zement kriegt man für Heizungsrippen und
Pal oder gar Kittekat für den lieben Hund.

Bonnie und Clyde wohnten bei uns zu Hause,
heißen weiterhin Krause.
Ihr Glück war nicht klein.
Bonnie und Clyde können jetzt anders leben,
dem Reichtum sich ergeben
im Eigenheim.

Eines Tags passierte es, die Fragen mussten kommen:
Wer hat sich eigentlich die verlorene Kiste genommen?
Und Krauses schneller Aufstieg, das passte alles nicht,
das stand doch alles in ziemlich fragwürdigem Licht.

Doch der Staatsanwalt, der Bonnie und Clyde alsdann befragt,
war beim Renovieren, und hat zu sich gesagt:
Die haben bestimmt Beziehungen, und 'nen Haufen Knete.
Ich frag' sie mal, weil: Ich brauche Rauhfasertapete.

Bonnie und Clyde leben wie die Götter,
der Staatsanwalt ihr Retter
vor dem Knast.
Bonnie und Clyde, die haben's gleich gedacht,
die wissen, wie man's macht,
das wäre doch gelacht.

Moral: Es gibt schlimmeres als zu wohnen in 'nem Neubaublock
und in 'ner Einflugschneise im obersten Stock.
Doch hast Du nichts zu tauschen, dann bist Du übel dran,
das hat man jedenfalls in diesem Lied erfahr'n.

Wenn ein Regen auf die Erde niedergeht (1989)

Wenn ein Regen auf die Erde niedergeht
nach einer langen trockenen Zeit,
erwacht das Leben
auf's neue eben
und ist zu neuen Taten bereit.

Das Pärchen nimmt sich an die Hand
und geht spazieren, wird es auch klitschnass -
sie küssen sich unter der alten Buche,
die Liebe macht richtig Spaß.

Die Kinder springen lachend durch die Pfützen.
Es gibt keinen, der ihnen das verwehrt.
Und sind sie auch bis zur Nase dreckig
schimpft keiner, weil das keinen stört.

Der Hund schüttelt seine nasse Mähne
und spritzt sein Frauchen damit voll.
Die gibt ihm lachend nur 'nen kleinen Klaps
und findet den Regen so toll.

Der Fernfahrer hat den Laster abgestellt.
Mit offenem Hemd liegt er im Gras,
lässt den Regen auf sich niederprasseln
und träumt sicher irgendwas.

Sklaven (1989)

In weinenden Augen wohnt der Zorn.
In hungrigen Augen wohnt die Wut.
In gebrochenen Augen wohnt der Hass.
In Deinen Augen wohnt die Glut.

In düsteren Augen wohnt der Kampf.
In verirrten Augen wohnt der Wahn.
In offenen Augen wohnt der Traum.
In Deinen Augen wohnt der Orkan.

Im Untergrund zu kämpfen
ist das Recht der Sklaven in dieser Welt.
Sklaven gibt es überall,
weil es den Herren so gefällt.
Doch Spartakus lebt heute,
er lebt auch jetzt und hier.
Wo man gestern noch den Wind gesät
weht heute schon der Sturm durch das Revier.

Verstehst Du die Sprache,
die ich spreche?
Dann verstehst Du auch,
warum ich mich nicht räche.

Die Sklaven von heute
sind wir, sind Du und ich.
Die Herren spielen mit uns
und wir merken das nicht?
Wir sind nur o.k.,
wenn wir still oder besoffen sind,
wenn wir ihnen nach dem Munde reden
mit Brettern vor dem Kopf und blind.

Verstehst Du die Worte,
die ich sage?
Dann verstehst Du auch,
warum ich unbequem frage.

Verstehst Du die Sprache,
in der ich rede?
Dann verstehst Du auch,
wofür ich lebe.

Verstehst Du die Sache,
dann reih' Dich mit ein!
Es tut gut,
nicht mehr Sklave zu sein!

Mauern (1989)

Ich sitze auf einer Parkbank
und schau' den Himmel müde an.
Ich denke, dass ich alleine
diese Welt nicht ändern kann.
Der Regenbogen in mir kommt nicht zu Dir.

Denn da sind die alten Fesseln.
Gift macht sich in uns breit.
Ich kann sie nicht überspringen,
die Mauern unserer Zeit.
Der Regenbogen in mir kommt nicht zu Dir.

Doch wer, wer baut schon Mauern,
Mauern um sich herum?
Angst und ewiges Berechnen
macht uns krank und dumm.
Der Regenbogen in mir kommt nicht zu Dir.

Also lassen wir die Ketten fallen,
die Ketten in uns drin.
Dann ergeben auch die Mauern
um uns keinen Sinn.
Dann kommt der Regenbogen in mir zu Dir.

Also lassen wir das Berechnen!
Es ist Zeit, nicht mehr brav zu sein!
Lieber den Mut zu Fehlern,
als ein stummer Mauerstein!
Der Regenbogen in mir, er kommt zu Dir.

Trifft sich dann mein Regenbogen
mit Deinem nach des Tages Glut.
Und sehen ihn die anderen,
vielleicht haben sie dann Mut.
Der Regenbogen in uns kommt zu uns.

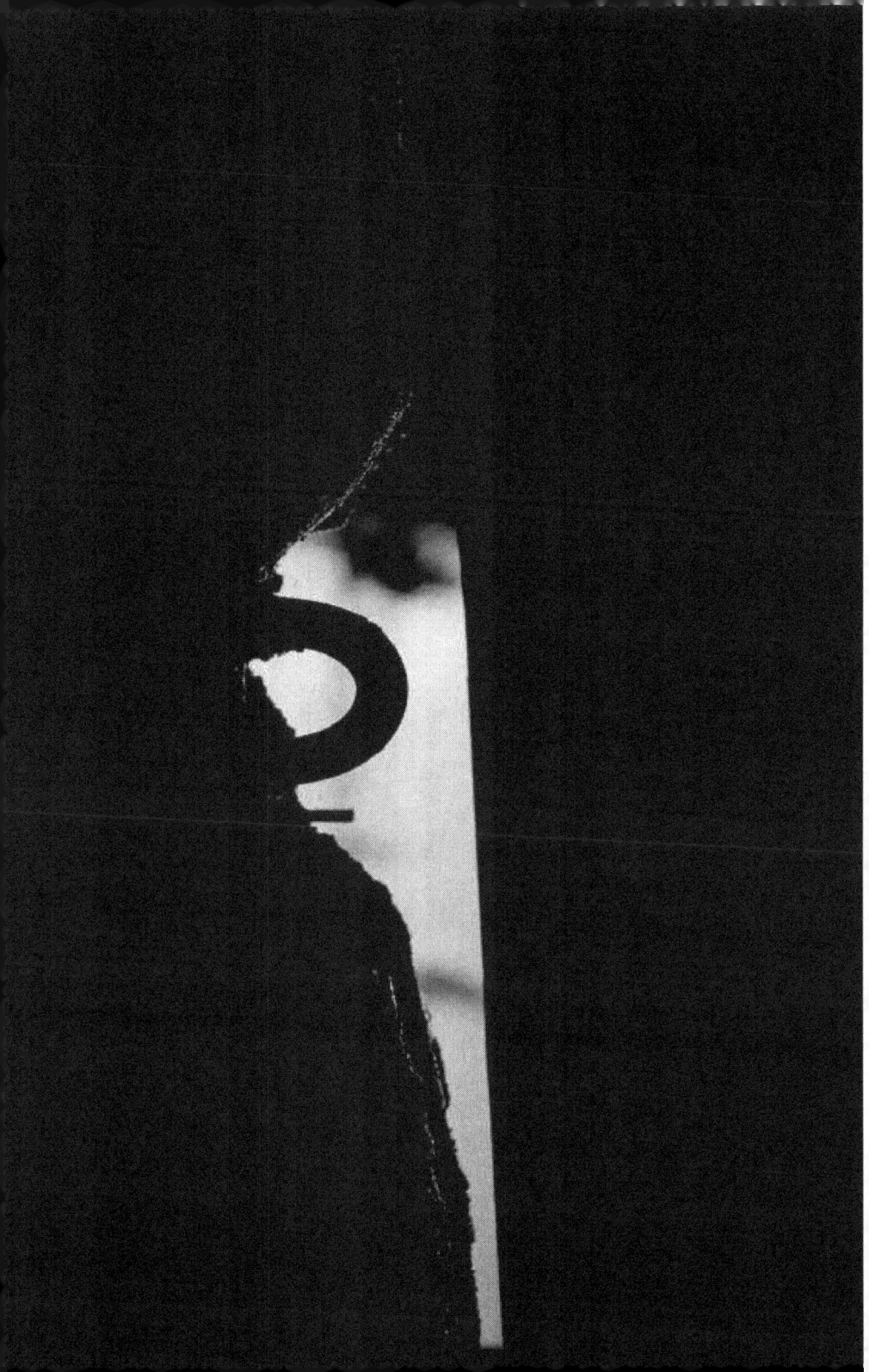

Schreckliche Moritat über einen Erbauer des Sozialismus, der wegen gesellschaftlicher Verpflichtungen an seinem Vorhaben scheiterte, das Perpetuum mobile zu erfinden (1989)

Der Wecker klingelt, ich steh' auf,
im Kopf den Wirtschaftsplan.
Heute werd' ich projektieren,
heute sind die Zahlen dran.
Im Traum hatt' ich 'ne Eingebung. Dynamisch umgesetzt
wird die nachher im Betrieb, völlig ungehetzt.

Das macht doch einen froh,
die Aufgabe ist klar.
Die Zeiten sind nunmal
zum Verändern da.
Auf das Mitdenken, auf das Schöpfertum - und wie!
Darauf leg' ich heute meine ganze Energie.

Wenn die Woche so beginnt,
wie dieses Mal,
kann es ruhig regnen,
das ist dann auch egal.
Ach, da ist schon der Betrieb. „Guten Morgen, Frau Schmidt,
heute habe ich heiße Ideen mit.

Ja von mir aus, Sie können sich ruhig
'nen Kaffee machen.
Ich beschäftige mich jetzt
mit wichtigeren Sachen,
denn am Wochenende habe ich nachgedacht:
Ich weiß jetzt, wie man unser Werk zum Vorbild macht.

Ich weiß jetzt,
wie man den Kollegen helfen kann,
neue Technik
und das ganze Drum und Dran,
und wie das Alles und noch mehr die Umwelt schützt,
und wie das Ganze unserem Staate nützt.

Also stören sie mich nur
in dringenden Fällen,
ich werde mich jetzt
der Zukunft stellen.
Frau Schmidt machen Sie die Tür von außen zu
und lassen Sie mich also jetzt in Ruh'."

Die erste Zahl gebracht
auf das Papier, das bisher weiße.
Die Tür geht auf
und ich sage halblaut: „Schöne Scheiße."
Denn da steht Tamara Hinz von der DSF-Einheit
und fordert von mir eine Stunde Zeit.

Ein Treffen mit Sowjetsoldaten,
ließ sie mich wissen,
und dass da auch von uns
welche hingehen müssen,
und gerade ich als Leiter, in meiner Position,
und da stand ich dann auf ihrer Liste schon.

Was sollte ich noch sagen,
sie war ja auch so nett.
„Also gut dann um zehn
im Traditionskabinett.
Und es soll ja auch nur eine Stunde sein,
Frau Hinz dann auf bald, und auf wiedersein."

Auf diese Weise
habe ich sie rausgebracht.
Die Uhr zeigte mir:
Es ist schon viertel acht.
Mit dem Gerede hat sie mir dreißig Minuten genommen.
Es wird Zeit, dass meine Ideen auf die Blätter kommen.

Ich suchte meinen Kuli
und fand ihn hinterm Ohr,
ich setze mich
und blickte grade grübelnd noch empor.
Da ging die Tür auf und ich stöhnte: „Hilfe lieber Gott",
denn da stand Torsten Tolle, von der FDJ.

Und er sagte: „Hallo,
mein lieber Freund der Jugend.
Ich sehe Du bist arbeitsam
und auf dem Weg der Tugend.
Ich brauche Dich heute für eine Jugendstunde.
Das Thema ist: 'Spare Pfennig, Gramm, Sekunde'."

Ich sollt' mich nicht so haben,
sagte Torsten Tolle,
und dass ich meine Arbeit
ja ruhig machen solle.
Für zwei Stunden mit Vorbereitung hätte ich doch Zeit,
und dann ging er mit „Freundschaft" und „Seid bereit".

Ich sagte ihm nicht,
es wäre mir lästig.
Sonst denkt er noch
ich wäre ideologisch nicht gefestigt.
So griff ich meinen Kuli und überlegte mir
Stichpunkte, und brachte sie auf das Papier.

Ich schrieb etwas
über Materialökonomie,
über Marx und Engels
und falsche Ideologie,
über den Geburtstag von unserm Generalsekretär,
über den „Oktoberklub", Biogas und anderes mehr.

Ich war gerade fertig,
es war halber neun,
da kam der Vertrauensmann
vom FDGB herein.
Er nahm sich einen Stuhl und setzte sich drauf.
Ich wusste, wenn der erstmal erzählt, hört er nicht mehr auf.

Und er berichtete
über das Fernsehprogramm.
Nein unsere Sender
sieht er sich nun wirklich nicht an.
Und in der Kneipe war was los und auf dem Fußballfeld,
und er habe soviel Arbeit, und so wenig Geld.

Ich ließ ihn reden,
jede Minute tat so weh.
Doch er verteilt die Ferienplätze
des FDGB.
Ich möchte irgendwann mal einen von ihm erben,
also kann ich es mir mit ihm nicht verderben.

So kam er dann zur Sache:
Er wollte etwas Geld
für die Hochzeit von Frau Gerlach
und den Hunger in der Welt.
Und nachdem er dann noch eine Tasse Kaffee trank
stand er auf und ist abgedankt.

Jetzt ist es schon halb zehn -
mein Schöpfertum muss warten,
denn jetzt muss ich
zum Freundschaftstreffen starten.
„Dobro pojalowatsch f GDR,
ich freu' mich Euch zu sehen, ich freu' mich wirklich sehr."

Mit Kaffee, Kuchen, Diaton
und viel Nervenkraft
war auch diese Stunde
DSF geschafft.
Im Kopf schwirrten die Zahlen von meinem Superplan.
Ich eilte an meinen Tisch und stürzte mich gleich dran.

Ich war noch in der Phase
der Konzentration.
Ihr ahnt schon was jetzt kommt,
nein, Ihr wisst es schon:
Es war für mich, wie ein Schlag in den Nacken.
Auf gut deutsch: Es war einfach zum Hälsehacken.

Ich find' ihn ganz o.k.,
den Sekretär unsrer Partei.
Wir gehen auch immer Hand in Hand
beim Ersten Mai.
Da schwenken wir dann unsere Fahnen ganz verwegen.
Doch jetzt kam er mir wirklich etwas ungelegen.

Genosse Grill kam rein
mit ziemlich ernstem Blick.
Ich wollte ihn begrüßen
und wich dann doch zurück.
Ich überlegte mir, ob da wohl irgendetwas stinkt
und sah, dass sein Abzeichen besonders heftig blinkt.

Er kam auch gleich zur Sache,
böse wie er war.
Er sagte nur ein Wort, nämlich:
„Parteilehrjahr".
Ich hätte wohl die Sache des Klassenfeinds im Sinn,
weil ich bei seiner Rede eingeschlafen bin!

Das war für mich ein Schlag,
es war um mich geschehen.
Ich hatte doch gedacht,
er hätt' es nicht gesehen.
Ich kam mir vor wie 'n Sünder, der vor dem Herrgott stand,
wie Judas oder Pechmarie, wie ein Querulant.

Da nahm Genosse Grill
mir die Beichte erstmal ab.
Er sagte: „Mensch nun heul doch nicht,
ich bring Dich nicht ins Grab."
Er hätte eine Bitte und das ließ mich stutzen.
Es wäre eine Chance für mich, und ich sollt' sie nutzen.

Es wär' doch bald Parteiwahl
und da müsste er was sagen.
Er hätte eine Rede mit
aus längst vergangenen Tagen.
Ich sollte die Rede umbauen, dann würde er mir verzeihen.
Er hätte keine Zeit dafür, er baut am Eigenheim.

Freudentränen rannen
über mein Gesicht.
Genosse Grill war jetzt
richtig freundschaftlich.
Und dann gaben wir uns noch einen Bruderkuss.
Er verließe sich auf mich - mit sozialistischem Gruß.

Jetzt war es schon dreizehn Uhr,
Mensch wie die Zeit verrinnt.
Das ist die Zeit,
wo das FDJ-Studienjahr beginnt.
„Frau Schmidt, hier ist 'ne Rede, tippen Sie die neu.
Die Zahlen bleiben weg, der Platz dafür dann frei."

Die FDJ spendete auch
Kaffee, Brause, Kuchen.
Ich begann garnicht erst
nach Interessierten zu suchen.
Ich fing dann sofort mit meiner Rede an.
Als ich zu Ende war, sahen mich alle müde an.

Einen Vorteil haben diese
Versammlungsgeschichten:
Isst man viel Kuchen
kann man auf das Mittag dann verzichten.
Um viertel drei saß ich wieder an meinem Tisch
in meinem Büro und konzentrierte mich.

Doch keine zwei Minuten
dürften vergangen sein.
Da kam die Lehrerin
der Patenklasse rein.
Ich riss mich sehr zusammen, denn sie ist sehr charmant.
Ich bot ihr einen Stuhl an und küsste ihre Hand.

Sie hätte eine Bitte,
erklärte sie verlegen.
Die Klasse wollte wegfahren
und bräuchte deswegen
ein klein wenig Geld von der Patenbrigade.
Sie lächelte mich ganz lieb an und zeigte ihre Wade.

„Das ist doch kein Problem,
diese Reise in die Ferne!
Ich gehe gleich mal sammeln,
die Kollegen geben gerne."
Ich hechelte gleich los und sie war voller Dank.
Als ich zurückkam mit dem Geld ergriff sie meine Hand.

Ich sah in ihre Augen
das war jetzt richtig live!
Doch sie sah auf ihre Uhr und rief:
„Mensch die Zeit ist reif.
Mein Mann wartet draußen und ich muss jetzt leider gehen.
Vielen Dank nochmal und auf wiedersehen!"

Tatsache, sie hatte recht:
Es war schon sechzehn Uhr.
Was soll ich jetzt bloß machen?
Was mache ich denn nur?
Da kommt auch schon die Putzfrau und die schließt alles ab.
Mensch, diese ganze Hektik bringt mich noch ins Grab.

Ich dachte dann am nächsten Tag
da könnte ich es schaffen.
Doch da war Alarm der Kampfgruppen
ich musste zu den Waffen.
Beim Mittagessen hab' ich 'ne Patrone verschluckt
und erst im Krankenhaus wieder ausgespuckt.

Ich habe sehr geschimpft,
ich kriegte Spritzen in den Steiß,
und vom Kampfgruppenkommandeur
einen Verweis.
Ich wäre falsch mit der Munition umgegangen.
Im Krieg hätte man mich für so etwas gehangen!

Und so versuchte ich dann noch
ein halbes Jahr
meinen Plan aufzuschreiben,
doch die Zeit war wirklich rar.
Ständig 'ne Versammlung, Reise oder Essen
und so habe ich ihn dann irgendwann - vergessen.

Alkoholiker (1989)

Wieder volle Batterie,
wieder mal stocksteif.
Ich kriege schon ganz schweißige Hände,
wenn ich nach 'ner Flasche greif'.
Ich hör' die Englein singen
und singe selber was.
Erst nach 'ner Pulle Feuerwasser
macht mir das Leben Spaß.

Ich bin ja nun nicht so geboren,
doch anders kann ich nicht mehr existieren.
Das Leben ist mir viel zu hart,
ich kann die Menschen nicht kapieren.
Jeden Tag 'ne Bruchlandung,
das hält doch kein Schwein aus.
Der Alkohol ist mein Fallschirm,
da spring' ich eben aus dem Flugzeug raus.

Denken kann ich zwar nicht mehr,
doch das ist ja sowieso verboten.
Doch ich werde unheimlich stark,
hab' ich erst Alkohol in meinen Pfoten.
Meine Frau ist weggerannt,
meine Bude ist schon lange leer.
Die Freunde, die ich früher mal hatte,
kommen jetzt auch nicht mehr.

Es ist mir auch so scheißegal,
wie ich durch's Leben lauf'.
Ich hab' von allem die Schnauze voll,
und das ist die Reaktion darauf.
Weil mich keiner so
wie ich will leben lässt,
besauf' ich mich und bin ganz still,
das ist mein Protest.

40 Jahre Winter (1989)

40 Jahre Winter - keine Kohlen mehr im Haus.
40 Jahre Winter - und das Feuer ist aus.
40 Jahre Winter - es gibt nur Blumen aus Eis.
40 Jahre Winter - doch nebenan ist es heiß.

40 Jahre Winter - der Frost regiert mit eisiger Hand.
40 Jahre Winter - die Luft ist erstarrt in diesem Land.
40 Jahre Winter - meine Hand, die ist so weiß.
40 Jahre Winter - doch nebenan ist es heiß.

40 Jahre Winter - meine Stimme ist fast eingefroren.
40 Jahre Winter - ich habe fast die Besinnung verloren.
40 Jahre Winter - in meinem Zimmer wacht Väterchen Frost.
Doch mein Nachbar flüstert mir ein Wort zu, das mich wärmt:
„Glasnost".

40 Jahre Winter - ich richte mich ganz langsam auf.
40 Jahre Winter - nehm' die Zeichen meines Nachbarn auf.
40 Jahre Winter - ich spüre einen Funken an meiner Hand.
40 Jahre Winter - denn sie liegt an meines Nachbarn Wand.

40 Jahre Winter - ich schaue mich langsam um.
Vater Frost bemerkt dies und guckt verstört und dumm.
Ich lege auf seine Schulter meine wärmende Hand,
da fing er an zu schreien und ist weggerannt.

Braver Bürger (1989)

Vaterlandsliebe um jeden Preis,
das verlangt ruhig von mir.
Mein Gehirn nach erfolgreicher Amputation
kriegt ihr dann dafür.
Lieber schön ruhig,
als irgendwelchem Stress ausgesetzt.
Lieber ständig besoffen,
als von Träumen gehetzt.

Wer niemals etwas sagt
kann auch nie schuldig sein.
Meine Vorfahren waren Affen,
doch ich bin ein Schwein.
Meine einzige Ideologie:
Wie schaff' ich Geld für mich ran.
Ansonsten sag' ich „Ja" und „Amen"
und passe mich an.

Steine (1989)

Im Weg liegen oft die größten Steine,
und keiner weiß, wie sie wegzuräumen sind.
Man stolpert und bleibt lange liegen,
weil Menschen nun mal keine Vögel sind.

Doch bist Du nicht alleine,
hast Du gute Freunde ist die ganze Sache doch gelacht!
Selbst Regierungen haben das zu spüren bekommen:
Wenn Freunde zusammenhalten sind sie eine Macht.

Und gibt's da welche, die uns das nicht gönnen,
die uns nicht gönnen, dass wir unsern Weg zu Ende gehen,
und schicken sie uns Blitz, Hagel und Stürme,
zusammen werden wir widerstehen.

Und versuchen sie uns totzuschweigen,
ein Lied findet doch aus jedem Labyrinth.
Wir sind nicht nur die, die unruhig schlafen.
Wir sind auch die, die am Tage unruhig sind.

Noch haben manche Angst, diesen Weg zu gehen,
denn Steine wegzuräumen ist ziemlich schwer.
Doch Du und auch Du, Ihr seid willkommen.
Und zusammen werden wir immer mehr.

Und labern da welche was von falschen Idealen,
diese Käuzchenrufe in dunkler Nacht.
Sie wissen selbst, dass sie keine Chance mehr haben.
Und vorbei ist es mit ihrer Macht.

www.ingramcontent.com/pod-product-compliance
Lightning Source LLC
Chambersburg PA
CBHW070305230526
45470CB00002B/724